Impressum

Text: Marco A. Ianniello, Esther Mallm, Linda Rose, Angela Tanner, Patrick Wolf
Idee, Konzept, Satz: Rieke Kersting, Philipp Appenzeller
Lektorat: Rieke Kersting, Philipp Appenzeller (mit Unterstützung von Hanna Pfeiffer und Bianca Gebhardt)
Grafik: www.gudrunbarthdesign.com
Druck und Weiterverarbeitung: Offizin Andersen Nexö Leipzig GmbH
Papier: 100 % Recycling, EnviroTop (Umschlag), EnviroStar (Inhalt)

ISBN: 978-3-942733-03-8

1. Auflage 2011

Kontakt: kontakt@rap-verlag.de

»ENDLICH HEIDELBERG!«

Dein Stadtführer

Heidelberg ... endlich!

Welthauptstadt der Romantik, Studentenhochburg, schönste Schlossruine des Landes, Eliteuni, Schlagermythos, Sonnen-Oase am Neckar – und Du endlich mittendrin!

... aber schon gehen die Probleme los: Du liest unzählige Wohnungsanzeigen, weißt aber nicht, in welchem Stadtteil Du schön, naturnah, günstig, studentisch oder besonders exklusiv wohnen kannst. Du möchtest am Wochenende mal so richtig im Nachtleben schwelgen, landest aber – Du wusstest es nicht besser – beim gemächlichen Tuba-Abend. Du hast vergessen, für den Sonntag einzukaufen und keine Ahnung, wo Du jetzt noch was zu essen herbekommst. Das sind nur einige klassische Hürden, die eine neue Stadt so mit sich bringt.

Meist dauert es eine halbe Ewigkeit, bis man sich richtig gut auskennt und bis dahin muss man so einiges über sich ergehen lassen. Aber jetzt ist Schluss damit: Dieses Buch soll Dir eben diese Jahre voller Selbstversuche, Entgleisungen und Kompromisse ersparen und Dir helfen, Dich in Deiner Stadt von Anfang an zu Hause zu fühlen. Essen, Trinken, Feiern und Genießen, Freizeit, Kultur, Spaß und einfach Leben – genau darum geht es in »ENDLICH HEIDELBERG!«

Damit Du das alles so richtig auskosten kannst, sind unsere Autorinnen und Autoren durch die ganze Stadt gestreift – immer auf der Suche nach den schönsten Ecken, den besten Leckerbissen, den ausgefallensten Kuriositäten und dem besonderen Etwas in Heidelberg. Sie haben viele, viele Kilometer zu Fuß, mit dem Fahrrad, den Öffentlichen oder dem Auto zurückgelegt, Klemmbrett und Kamera in der Hand, haben Notizen gemacht, Fotos geschossen und dabei Regen und Wind getrotzt. Das alles hat sich aber wirklich gelohnt, denn heute hältst Du tatsächlich dieses Buch in Deinen Händen.

Es ist vorläufig fertig, soll sich aber als Dein persönlicher Ratgeber und Begleiter immer wieder verändern und weiterentwickeln. Das Tolle ist also, Du darfst – ja sollst sogar – in diesem Buch herummalen, Kommentare an den Rand schreiben, Sachen durchstreichen, markieren und aktualisieren und ihm Deine persönliche Note verleihen (Natürlich nur, wenn es Dir auch gehört, nicht, wenn Du es gerade im Buchladen anschaust). Um Dir die Hemmungen zu nehmen, haben wir selbst schon einmal angefangen mit kritzeln, malen und markieren ...

Wir wünschen Dir viel Spaß mit

»ENDLICH HEIDELBERG!«

und Deiner neuen Stadt!

Rieke Kersting
Philipp Appenzeller

»ENDLICH HEIDELBERG!«

Jetzt auch online:
www.facebook.com/EndlichHeidelberg

Heidelberg endlich

Häus

zu Hause

zu Hause

zu Hause

endl

Wo wohnst Du?

Gartenzaun
Heimat
wohnen
schön
zu Hause
gemütlich
endlich
Gartenzaun
Gartenzaun
schön
Nachbar
Häuschen
Nachbar
gemütlich
Wohnung
Park
zu Hause
Wohnung
Heimat
Häuschen
schön
endlich

Bedienungsanleitung

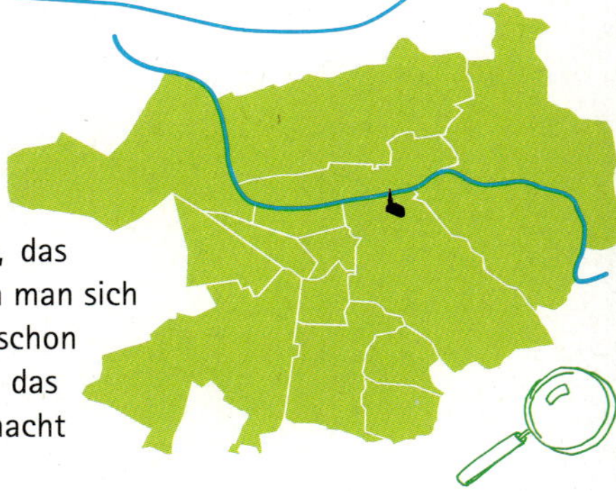

Wenn man neu in eine Stadt zieht, dreht sich zuerst natürlich alles um das Eine: das Zuhause, das man sich leisten kann und in dem man sich wohlfühlt. Das alleine ist ja schon schwer genug zu finden – und das Mietpreisniveau in Heidelberg macht es einem da auch nicht leichter.

Ob eine Wohnung wie für Dich geschaffen ist, hängt außerdem nicht zuletzt vom Stadtteil drumherum ab. Alteingesessene Heidelberger haben natürlich sofort Bilder vor Augen, wenn sie Bezeichnungen wie „Handschuhsheim", „Boxberg" oder „Weststadt" hören, und wissen vielleicht auch, ob sie dort wohnen wollten oder nicht. Doch als Neuling hast Du einfach keine Ahnung, wo sich das richtige Fleckchen für Dich versteckt.

Aber auch wenn Du schon länger in Heidelberg lebst, sind Dir mit Sicherheit einige Stadtteile bislang verborgen geblieben. Damit geht nicht nur eine größere Auswahl bei der Wohnungssuche flöten, sondern Du übersiehst auch jede Menge besondere Plätze, die eben etwas versteckter liegen.

Dieses Kapitel ist also für jeden was: Wir stellen alle Stadtteile inklusive dazugehörigem Lebensgefühl auf je einer Doppelseite vor. Das soll Dir dabei helfen, die besonderen Ecken der Stadt zu finden und natürlich die Wohnungsanzeigen, die Du in der Zeitung dick umkringeln solltest. Für den schnellen Überblick gibt's zusätzlich die gelben Infoboxen mit ein paar knackigen Eckdaten:

Hochhausdichte: Stehen in einem Stadtteil besonders viele Betonriesen am Straßenrand, prägt das nicht nur die Optik, sondern auch das Zusammenleben. Der eine schätzt den 12. Stock, der andere eher nicht.

U30-Quote: Ganz wichtig für das Lebensgefühl im Stadtteil! Gibt es viele Studenten und junge Familien, ist diese Quote natürlich besonders hoch (über 40 %), bestimmen eher Senioren das Straßenbild, kann sie bis nah an die 30 %-Grenze fallen.

Einwohnerdichte: Kann man dem Nachbarn gegenüber problemlos in die Feierabend-Lektüre gucken, ohne dabei die Couch zu verlassen? Oder sollte man erst den Wetterbericht prüfen, ehe man kurz mal „nebenan" vorbeischaut?

Miethöhe: Eines ist klar, in Heidelberg ist Wohnraum teuer! In guten Lagen manchmal sogar für größere Portemonnaies unerschwinglich. Unsere 3er-Skala zeigt Dir immerhin schnell, wo Du im Stadtteil-Vergleich die günstigsten Mieten erwarten kannst.

Distanz zum Bismarckplatz: Diese Entfernung ist gleichzeitig auch die Formel für Deine Alltagsstrecken. Denn der zentrale Platz ist nicht nur Knotenpunkt der Öffentlichen Verkehrsmittel in der Innenstadt; hier trifft man sich praktischerweise auch, um danach gemeinsam ins Nachtleben oder zur Shopping-Tour zu starten. Diese Zahl zeigt Dir also, wie „nah dran" ein Stadtteil wirklich ist.

Kneipendichte: Musst Du für das Feierabendbier lange Wege gehen, oder reiht sich in Deinem Stadtteil Theke an Theke?

Der besondere Platz:
Manche Orte kennt jeder. Und manchmal sind sie gerade deshalb etwas Besonderes. Aber in vielen abseitigeren Ecken Heidelbergs warten auch ganz besondere Plätze, die eine kleine Entdeckungstour wert sind.

WAS IST REKORDVERDÄCHTIG IM STADTTEIL?

NOTIZEN

Quelle der Daten:
Die Angaben zu Hochhausdichte, Miethöhe, Distanz zum Bismarckplatz, Kneipendichte, Stadtteilrekord stammen aus dem Erfahrungsschatz echter Heidelberger und intensiver Recherche.
Die Daten für U30-Quote und Einwohnerdichte stellte uns das **Amt für Stadtentwicklung und Statistik der Stadt Heidelberg** zur Verfügung. Vielen Dank!

zu Hause gemütlich Park Heimat wohnen

Altstadt

Achtung, Fotos! Zwischen Bismarckplatz und Karlstor gerätst Du häufig ins Blitzlichtgewitter der vielen Touristen, die ganzjährig aus aller Welt anreisen und über die Hauptstraße pilgern. Doch man gewöhnt sich daran, man ist ja selbst verzaubert vom Charme der alten Gemäuer.

Blickfang ist besonders das Heidelberger Schloss, das stolz über der Altstadt thront. Vom Karlsplatz oder Kornmarkt hast Du die perfekte Sicht nach oben! Vor dem romantischen Flair bist Du zwar auch in den vielen Nebengassen nicht sicher, vor den Touristen dafür aber schon.

Mit 1,6 Kilometern ist die Hauptstraße übrigens – angeblich – die längste Fußgängerzone Europas! Autos sind hier tabu und auch die Radfahrer wurden in die parallel verlaufende Fahrradstraße Plöck verbannt. Dort flitzen die Studenten zwischen Bismarckplatz und Uni hin und her. Gute Bremsen und ein Fahrradhelm sind in dieser Hektik eine gute Idee!

Das Treiben des Tages verlagert sich abends in die Kneipenmeile Heidelbergs: In der Unteren Straße tummeln sich auch werktags die Nachtschwärmer – getanzt wird bei Platzmangel einfach auf den Tischen. Um den Abend gemütlich ausklingen zu lassen, findest Du sicher in den Bars rund um die Heiliggeistkirche ein kuscheliges Plätzchen.

Auf engstem Raum wird hier studiert, gefeiert, geshoppt und gewohnt.

INFOBOX

Hochhausfaktor: (1 von 3 Symbolen)
U30-Quote: 42,6 %
Einwohnerdichte: (3 von 3 Symbolen)
Miethöhe: (3 von 3 Symbolen)
Distanz zum Bismarckplatz 0–2 km
Kneipendichte: (3 von 3 Symbolen)

Letzteres nicht immer ganz günstig, aber dafür mitten im Geschehen! Dicke Fenster und Toleranz für das nächtliche Treiben sind unentbehrlich. Wer damit nicht ausgestattet ist, und die Ruhestörer mit frischem Gemüse bewerfen möchte, kann dieses mittwochs und samstags auf dem Marktplatz erwerben.

Dem Stadtleben entfliehen kannst Du aber zum Glück minutenschnell – der Philosophenweg ist über die Alte Brücke ruckzuck erklommen und bietet Platz zum Spazieren, Joggen und Durchatmen im Grünen.

Der besondere Platz

Die Altstadt ist ein schmaler Streifen zwischen Neckar und Königstuhl. Möchtest Du es dem Schloss gleichtun und über den Dingen stehen, ruckelt Dich die historische Bergbahn hoch auf den **Königstuhl** (zu Fuß geht's natürlich auch). Schnell bist Du mitten im Wald und hast eine phänomenale Aussicht. Der Neckar sieht von dort aus wie ein kleines Bächlein und die Stadt liegt Dir zu Füßen.

zu Hause Park gemütlich Heimat wohnen

Bahnstadt

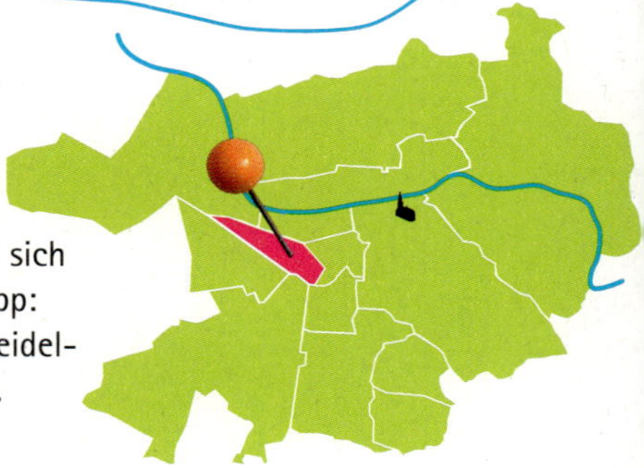

Dass Heidelberg Zuwachs erwartet, müsste sich nun rumgesprochen haben. Die Stadt will sich vergrößern, und das nicht zu knapp: Die größte Stadterweiterung Heidelbergs seit 800 Jahren steht bevor.

Auf einer Bahnbrache von 116 ha wird sich das 15. Stadtkind zwischen vier ältere betten: die Weststadt, Wieblingen, Kirchheim und den Pfaffengrund. Und es ist angesichts der wachsenden Einwohnerzahl und der steigenden Mietpreise auch höchste Zeit, dass neuer Wohnraum geschaffen wird.

Die beständig guten Arbeitsmarktprognosen, und die hohe Lebensqualität sind schließlich weit über die Stadtgrenzen hinaus bekannt. Heidelberg ist weder Großstadtmoloch, noch Provinzeinöde, sondern die goldene Mitte; man fühlt sich eben einfach pudelwohl hier.

INFOBOX

Hochhausfaktor:

U30-Quote: ??,?? %

Einwohnerdichte: noch niedrig, bald hoch

Miethöhe:

Distanz zum Bismarckplatz: 2,5 km

Kneipendichte:

Ursprünglich waren die ersten Einzüge in der Bahnstadt bereits für 2006/2007 geplant. Aber immer noch ist nur wenig fertig. Muss man deswegen von einer schweren Geburt reden?

Nicht unbedingt. Vielleicht treffen es schon die Attribute lang und zäh. Immerhin werden langsam Konturen sichtbar und sicher sind bald auch die ersten Wohnhäuser bezugsfertig.

Hohe Ansprüche werden jedenfalls an das neue Viertel gestellt! Familienfreundlich soll es werden, bezahlbar und lebendig. Und: Mit der Bahnstadt soll ein Bild der großen Stadt im Kleinen gezeichnet werden.

Mal sehen, was daraus wird. Und mal sehen, welche besonderen Plätze die Stadtplaner für diesen Stadtteil vorgesehen haben – und welche sich die Bewohner dann selber suchen.

zu Hause Park gemütlich Heimat wohnen

Bergheim

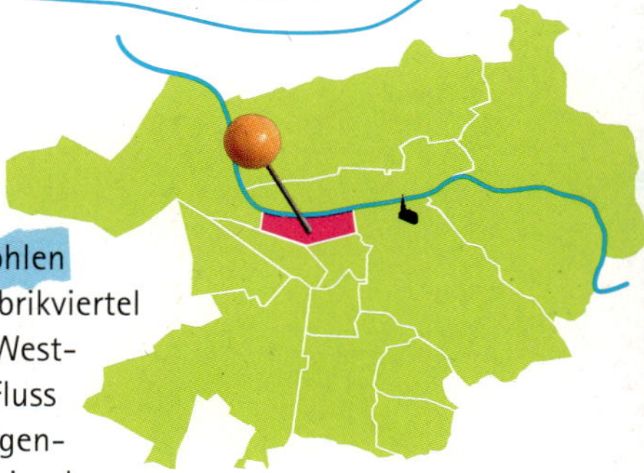

Unter den Stadtteilen Heidelbergs ist Bergheim das Sandwich-Kind. Schmal und fast verstohlen schlängelt sich das ehemalige Fabrikviertel zwischen Neuenheim und der Weststadt vom Bismarckplatz am Fluss entlang bis zum Bahnhof. Als eigenständiger Stadtteil kann es dabei schon mal übersehen werden.

Meistens fährt man auf der Bergheimer Straße nur schnell hindurch oder über die Kurfürsten-Anlage seitlich daran vorbei. Irgendwas zwischen West- und Altstadt eben, denkst Du vermutlich bei Deiner ersten Besichtigung. Dabei ist Bergheim eigentlich klar begrenzt durch die Endpunkte Bismarckplatz und Bahnhof sowie die Kurfürsten-Anlage und den Neckar.

Nicht genug damit, zwischen zwei Stadtteilen eingequetscht zu sein: Bergheim ist flächenmäßig auch das kleinste und, um noch eins drauf zu setzen, das am meisten befahrene Viertel. Hier herrscht Hochbetrieb, alles und jeder ist in Bewegung. Autos und Fahrräder, Busse, Bahnen und Boote. Bergheimer Straße und Kurfürsten-Anlage sind Hauptverkehrsadern, und auf manch einen, der es sich leisten kann, wartet am Bootshafen eine kleinere Yacht.

Dafür ist Bergheim aber auch ein idealer Ausgangspunkt, um alles schnell und einfach zu erreichen: Zentrum, Bahnhof und Umgebung.

Zwar gehört das Viertel nicht zu den grünsten, dennoch warten für die Erholung zwischendurch einige bemerkenswerte Oasen auf Dich, wie die Parkanlage bei der Stadtbücherei oder das Thermalschwimmbad (Vangerowstr. 4). Und Du findest sogar immer mal wieder erstaunlich ruhige und schöne Wohnmöglichkeiten.

Vor allem bietet Bergheim aber jede Menge Ausgehmöglichkeiten: zur Mittagspause ins Literaturcafé in der Stadtbücherei oder ins red – mit vegetarischem Essen bestimmt auch für Nicht-Vegetarier. Für einen gepflegten Kaffee findest Du das Café Rossi oder das Tati für ein Glas französischen Wein. Und für Nachtschwärmer gibt's das Zieglers oder die Nachtschicht.

siehe "Hunger?", S. 61, "Durst?", S. 72 und "Feiern", S. 112

Der besondere Platz:

Die **Sky-Lounge – Der Turm** (Alte Glockengießerei 9) ist ein bisschen schnieke, aber der nächtliche Blick über die Lichter der Stadt macht richtig was her. Und die Cocktailkarte lässt keine Wünsche offen.

INFOBOX

Hochhausfaktor:

U30-Quote: 41 %

Einwohnerdichte:

Miethöhe:

Distanz zum Bismarckplatz: 0–2 km

Kneipendichte:

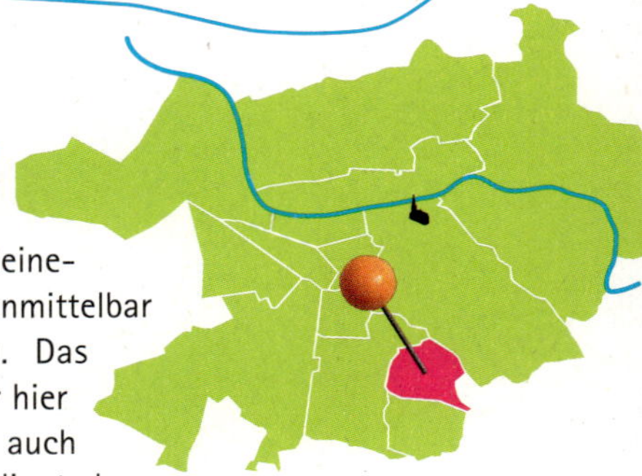

Boxberg

Der am Westhang des Königstuhls gelegene Stadtteil Boxberg ist einer der jüngeren und kleineren Stadtteile Heidelbergs und unmittelbar mit Emmertsgrund verbunden. Das Durchschnittsalter der Bewohner hier ist außergewöhnlich hoch, was auch bedeutet, dass hier nicht unbedingt der Bär steppt.

Dafür befindest Du Dich auf dem Boxberg in verkehrsberuhigter Lage, Natur in greifbarer Nähe und Du hast einen weiten Blick über die Rheinebene. Im angrenzenden Wald findest Du sogar so sauberes Quellwasser, dass sich die Leute aus den Brunnen dort gerne mal was abfüllen.

Boxberg entstand als reiner Wohnstandort erst innerhalb der letzten 50 Jahre mit dem Ziel, große Wohnflächen zu günstigen Preisen anzubieten. Charakteristisch wurde dabei der konsequente Stil der Nachkriegsmoderne. Mehrstöckige Blockbauten findest Du zwar auch hier, typisch sind sie aber eher für den angrenzenden Stadtteil Emmertsgrund. Besonders im Westen tummeln sich Einfamilien- und Reihenhäuser. Attraktiv sind vor allem die niedrigen Mietpreise, aber dafür bist Du auch etwas weit ab vom Schuss. Touristen wirst Du daher vermutlich nicht antreffen. Das ist in Heidelberg ja auch schon was wert.

INFOBOX

Hochhausfaktor:

U30-Quote: 31,5 %

Einwohnerdichte:

Miethöhe:

Distanz zum Bismarckplatz: 4,8 km

Kneipendichte:

In die Innenstadt kommst Du ohne Auto am besten mit dem Bus (Linie 29). Dass die Infrastruktur des Stadtteils nicht so gut ausgebaut ist wie in den Nachbarvierteln,

HÖCHSTER RUHE-FAKTOR

erkennst Du an den Einkaufsmöglichkeiten: Die sind eher mau, zumal es auch kein Stadtteil-Zentrum gibt. Deine Einkaufstüten kannst Du am ehesten noch in der Einkaufspassage auf dem Boxbergring füllen, besser geht das aber im angrenzenden Stadtteil Rohrbach. Boxberg wird zwar von manchen als sozialer Brennpunkt bezeichnet, zumindest die geringe Kriminalitätsrate spricht aber dagegen. Wer Dir also rät „bei Nacht jaaaa nicht auf dem Boxberg unterwegs zu sein", der war vermutlich noch nie dort.

Der besondere Platz

Die Straße durch den Wald zwischen der Weststadt (Abzweigung Alois-Link-Platz) und Boxberg ist atemberaubend schön. Zwar musst Du erst einige Serpentinen bezwingen, aber kaum wird der Wald lichter, blickst Du auf Maisfelder und friedlich weidende Angusrinder, die Dich zufrieden anmuhen. Wenn man es nicht besser wüsste, könnte man bei dem ganzen grünen Auf und Ab glauben, man sei mitten im Allgäu.

Emmertsgrund

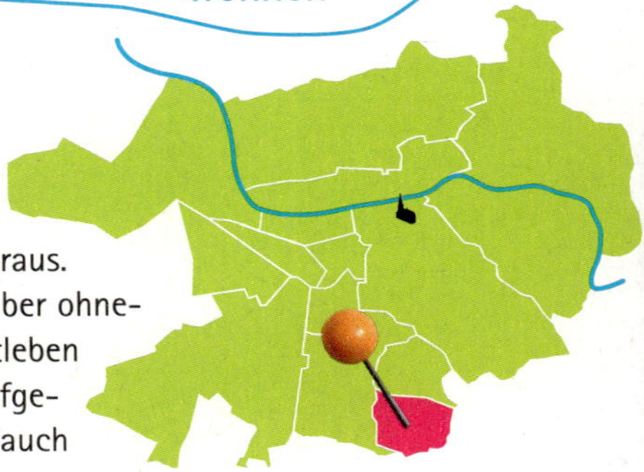

Emmertsgrund ist nicht gerade der In-Stadtteil Heidelbergs – und sein Ruf eilt ihm leider oft voraus. Hier ist wirklich nichts los! Wer aber ohnehin fernab vom hektischen Stadtleben wohnen möchte, fühlt sich gut aufgehoben. Zumindest, wenn er nicht auch noch auf Idylle besteht:

Denn das Viertel ist durch massige und hohe Wohnanlagen geprägt, die auch den fließenden Übergang zum Stadtteil Boxberg, der älteren Schwester, kennzeichnen. Der Anblick des Stadtteils mag also auf den ersten Blick weniger hübsch sein, ein phänomenaler Ausblick auf die Rheinebene ist Dir aber garantiert. Bei wolkenlosem Himmel siehst Du sogar bis nach Mannheim und Speyer – es sei denn, ein Betonriese versperrt Dir die Sicht.

Außerdem begegnet Dir hier keinerlei nerviger Stadtverkehr und Du bist ringsum von Wald umgeben, in dem Du friedlich spazierengehen kannst.

Auch dank der baulichen Monotonie im nördlichen Teil findest Du hier die niedrigsten Mietpreise der Stadt. Allerdings bist Du dann auch vergleichsweise weit vom Stadtzentrum entfernt. Hoch, runter, rein, raus

INFOBOX

Hochhausfaktor:

U30-Quote: 37,9 %

Einwohnerdichte:

Miethöhe:

Distanz zum Bismarckplatz: 5,4 km

Kneipendichte:

kommst Du mit den Buslinien 27, 29 und 33. Auf diese Verbindungen bist Du aber auch dringend angewiesen, denn sehr viel mehr als Wohnhäuser hat der Stadtteil auch nicht zu bieten. Es gibt kein Zentrum und auch nur ein Minimum an Einkaufsmöglichkeiten, wie zum Beispiel in der Emmertsgrundpassage. Die Gegend ist stark auf Familien ausgerichtet, wie jedoch auch im Stadtteil Boxberg sinkt die Zahl der Bevölkerung immer weiter. Für Kinder und Jugendliche gibt es zwar umfangreiche Angebote, junge Erwachsene kommen aber zu kurz.

Charakteristisch ist außerdem die multikulturelle Atmosphäre. Über 60 Prozent der Bewohner des Stadtteils haben einen Migrationshintergrund. Menschen aus vielen verschiedenen Nationen haben hier ein Zuhause gefunden und sorgen für eine bunte Mischung.

NOTIZEN

Der besondere Platz

Du wunderst Dich über all die Menschen, die mit leeren Kanistern in Richtung Wald pilgern? Es gibt dort Quellen mit klarem Wasser, zum Beispiel am **Schweinsbrunnen** am Waldrand, das zwar offiziell nicht als Trinkwasser ausgezeichnet ist, aber zu schmecken scheint. Viele Anwohner schwören darauf.

Handschuhsheim

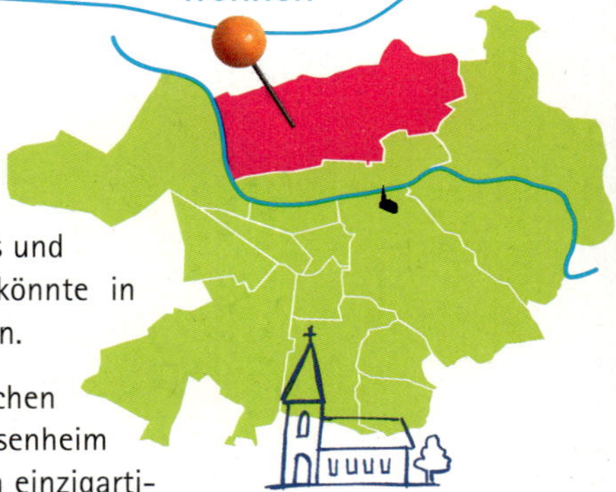

Wem Neuenheim zu versnobt, die Altstadt zu touristisch, Ziegelhausen zu weit ab vom Schuss und Rohrbach zu modern ist, der könnte in Handschuhsheim glücklich werden.

Dieser Stadtteil liegt am nördlichen Rand Heidelbergs zwischen Dossenheim und Neuenheim und bietet neben einzigartigen Sehenswürdigkeiten wie der Tiefburg, der St. Vituskirche (der ältesten Kirche Heidelbergs) und der Friedenskirche eine feine Auswahl an Restaurants, Cafés und Läden, die zum einzigartigen Charme des ehemals eigenständigen Dorfes beitragen.

Handschuhsheim war nämlich bis 1903 eigenständig und bietet somit etwas, womit nicht alle Heidelberger Stadtteile aufwarten können: eine eigene Infrastruktur. Man kann in Handschuhsheim also „überleben", ohne ins Zentrum fahren zu müssen. Zwar befindet sich in zentraler Lage nur ein Penny, aber dafür liegen im Norden des Stadtteils Lidl, Rewe, Aldi und Füllhorn (eine südwestdeutsche Biomarktkette) quasi direkt nebeneinander.

Tiefburg

Gleichzeitig ist man per ÖPNV sehr gut ans Zentrum angebunden: Von der nördlichsten Haltestelle Handschuhsheims aus, der Burgstraße, sind es sieben Haltestellen bis zum Bismarckplatz und acht bis zum Hauptbahnhof. Das Neuenheimer Feld ist maximal fünf Haltestellen entfernt.

Wer zum ersten Mal nach Handschuhsheim kommt, vergisst bei-

INFOBOX

Hochhausfaktor:

U30-Quote: 39,9 %

Einwohnerdichte:

Miethöhe:

Distanz zum Bismarckplatz: 2,5 km

Kneipendichte:

Graham-Park

nahe, dass er noch in Heidelberg ist. Weder im malerischen Graham-Park, noch in den gemütlichen Cafés am Vorplatz der Tiefburg hat man den Eindruck, sich in einer Stadt zu befinden, die jährlich 3,5 Millionen Besucher anzieht.

Tatsächlich bleibt Hendesse, wie es die Ureinwohner nennen, vom Massentourismus verschont, obwohl sein Ortskern sich vor der Altstadt wirklich nicht verstecken muss. Und sogar einen klaren Vorteil gibt es, nämlich dass der Mangel an Durchlauftourismus auch das Aufkommen von Ein-Euro-Läden, Billig-Bäckern und Souvenirshops verhindert.

Echte Handschuhsheimer würden es so sagen: Das, was andere Orte „Lifestyle" nennen und verzweifelt suchen, heißt hier „Lebensqualität" – und findet sich an jeder Ecke.

Der besondere Platz

... in Handschuhsheim ist der **Graham-Park**: So ruhig lernt, liest, oder entspannt es sich in keinem anderen Park Heidelbergs.

Kirchheim

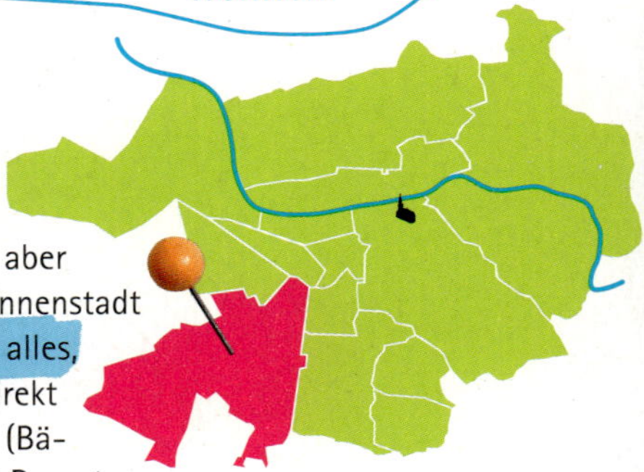

Du möchtest gerne idyllisch wohnen, viel Grünfläche zum Austoben um Dich rum haben, aber trotzdem nicht auf die Nähe zur Innenstadt verzichten? In Kirchheim gibt es alles, was man so braucht, und das direkt um die Ecke. Kleinere Geschäfte (Bäcker, Apotheke, Eisdiele ...) findest Du entlang der Straßenbahnlinie in der Schwetzinger Straße und rund um das Kirchheimer Rathaus. Auch ausreichend Supermärkte sind vertreten.

Freizeittechnisch ist in Kirchheim aber eher wenig los. Hier kommst Du mit Sicherheit auch mal dazu, in Ruhe ein Buch zu lesen, das Du Dir im Bücherbus, der zweimal wöchentlich in Kirchheim hält, ausleihen kannst. Die nächste laute Kneipe zum Feiern ist schon ein Stück weg.

Auch deshalb ist Kirchheim vor allem als Wohngebiet sehr beliebt – und wächst ständig weiter. Auch den Amerikanern gefällt es hier: In Kirchheim befindet sich das umzäunte, etwa 136 Fußballfelder große Patrick-Henry-Village, eine Wohnsiedlung, zu der nur die dort einquartierten Angehörigen der US-Armee Zutritt haben. Das gilt auch für die 21 Fußballfelder großen Patton Barracks, an deren Haupteingang Du auf dem Kirchheimer Weg vorbeikommst. In Heidelberg befindet sich das Hauptquartier der United States Army Europe, weshalb man in vielen Teilen der Stadt auf derartige US-Institutionen stößt.

INFOBOX

Hochhausfaktor:
U30-Quote: 36 %
Einwohnerdichte:
Miethöhe:
Distanz zum Bismarckplatz: 4 6 km
Kneipendichte:

Kirchheim ist ansonsten aber auch landwirtschaftlich geprägt und besonders im Süden von satten Grünflächen und Feldern umgeben. Richtung „Kirchheimer Hof“ findest Du schöne Fahrradwege oder kannst, umgeben von Pferdekoppeln und Obstbäumen, bei einem Spaziergang frische Landluft schnuppern.

Um vom dörflichen Idyll schnell in die Innenstadt zu kommen, gibt es neben der Straßerbahnlinie 26 noch verschiedene Buslinien (zum Beispiel die 33). Vom S-Bahnhof Kirchheim/Rohrbach aus kommst Du außerdem schnell zum Heidelberger Hauptbahnhof. Besonders werktags zu später Stunde solltest Du Dich aber darauf gefasst machen, dass keine öffentlichen Verkehrsmittel mehr fahren.

Die Fahrt mit dem Rad lohnt sich aber nicht nur aus diesem Grund! Den Weg zwischen Innenstadt und Kirchheim legst Du auf zwei Rädern oft sogar schneller zurück, als mit anderen Verkehrsmitteln. Da sind die Autofahrer neidisch, die sich mühsam durch die vielen Einbahnstraßen quälen und sich die Straße mit der Straßenbahn teilen müssen. Möchtest Du mit Deinem Fahrrad nicht mitten durch den Verkehr, ist die Fahrt durch die Schrebergartenanlage „Kirchheimer Loch“ eine schöne Alternative. Dort ist es nachts jedoch schlecht beleuchtet – ohne funktionierendes Fahrradlicht wird's also etwas gruselig.

Der besondere Platz

In der wärmeren Jahreszeit findet auf dem Messplatz regelmäßig ein großer und gut besuchter **Flohmarkt** statt, auf dem Du vom frühen Morgen bis zum späten Nachmittag Schnäppchen jagen kannst. Die Termine findest Du unter www.heidelberg.de

zu Hause Park gemütlich Heimat wohnen

Neuenheim

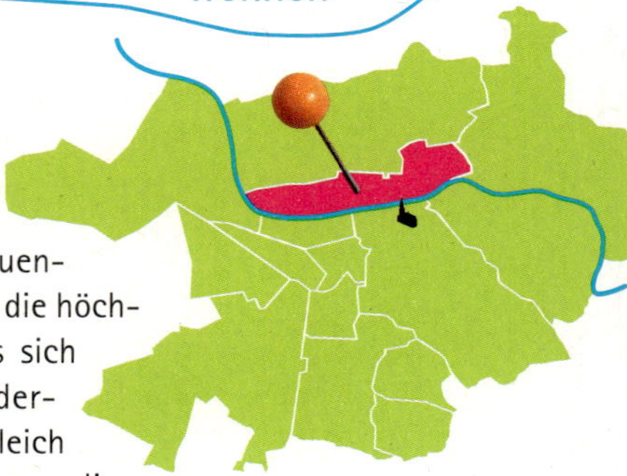

Neuenheim ist für viele der absolut beste Stadtteil Heidelbergs. Vor allem natürlich für Neuenheimer. Hier findest Du zum einen die höchste Villendichte Heidelbergs, was sich auch in den Mietpreisen niederschlägt. Aber Du musst ja nicht gleich nach Neuenheim-Ost ziehen, wo die prunkvollsten Bauten am Hang direkt auf das Heidelberger Schloss blicken. Auch die Mitte und der Westen bieten Dir malerische Straßen mit wunderschönen Altbauten, die immer wieder auch Studenten-WGs beherbergen.

Zum anderen wäre da noch das Neuenheimer Feld, das sich im Westen, jenseits der Berliner Straße befindet. Hier studiert, forscht und arbeitet ein Großteil der Akademiker Heidelbergs. Denn vor Ort befinden sich unter anderem die naturwissenschaftlichen Fakultäten der Uni Heidelberg, die Pädagogische Hochschule und das Universitätsklinikum.

Außerdem stehen in dem Mikrokosmos aus modernen Bauten und Grünflächen auch Studentenwohnheime, die billiges und (bei entsprechenden Studienfächern) auch uninahes Wohnen ermöglichen. Obendrauf

INFOBOX

Hochhausfaktor:

U30-Quote: 39,5 %

Einwohnerdichte:

Miethöhe:

Distanz zum Bismarckplatz: 1,4 km

Kneipendichte:

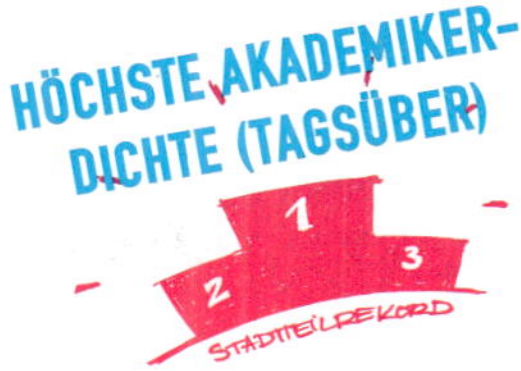

s. Feiern, S. 117

gibt es eine Mensa mit separatem Café, ein Schwimmbad und gleich daneben den legendären Schwimmbadclub, wo abends auf vier verschiedenen Floors vom Heavy-Metal-Konzert bis zur 80er-Party alles geboten wird.

Über die Berliner Straße im Westen und die Brückenstraße im Osten ist man relativ schnell am Bahnhof bzw. Bismarckplatz, außerdem fahren diverse Straßenbahnen und Busse. Wer seine Lebensmitteleinkäufe gern alle auf einmal erledigt, ist dann auch auf besagte Verkehrsmittel oder das Fahrrad angewiesen, denn in Neuenheim finden sich keine großen Supermärkte.

Dafür aber vom französischen Café über den Ökobäcker bis zur Feinkostmetzgerei alles, was der Feinschmecker oder besser betuchte Student zum Genießen braucht. Wer's noch frischer will, geht mittwochs und samstags von 8.00–13.00 Uhr auf den Neuenheimer Markt und kauft sein Obst, Gemüse oder Fleisch direkt beim regionalen Erzeuger.

Der besondere Platz

Auf dem **Neuenheimer Marktplatz** spielt sich das kulinarische Leben in gemütlichen Cafés und auf dem Wochenmarkt ab.

zu Hause Park gemütlich Heimat wohnen

Pfaffengrund

Gehörst Du zu denen, die nach einem langen Arbeitstag richtig abschalten wollen? Und auf Straßen- und Studententrubel kannst Du ebenfalls gut verzichten? Dann schau Dir bei Gelegenheit den Pfaffengrund an, denn hier findest Du vielleicht, was Du suchst.

Abgeschieden wie eine Insel liegt das ehemalige Arbeiterviertel aus den 1920ern auf der Pfaffengrunder Flur. Familien und Rentner bestimmen die Szenerie, aber auch die vielen Grünflächen. Nur auf ein eigenes Waldstück müssen die Pfaffengrunder verzichten. Und an den Grenzen des Stadtteils ist es leider auch nicht ganz so idyllisch:

Hier stößt Du auf die A5, den ehemaligen Militärflughafen (heute noch ein Heliport) und ein Industriegebiet. Letzteres ist für die Wohnatmosphäre zwar nicht gerade eine Bereicherung – für Heidelbergs Weg zur modernen Großstadt spielte die hier angesiedelte Industrie jedoch eine entscheidende Rolle.

INFOBOX

Hochhausfaktor:

U30-Quote: 30,6 %

Einwohnerdichte:

Miethöhe:

Distanz zum Bismarckplatz: 4,3 km

Kneipendichte:

Insgesamt ähnelt vieles im Pfaffengrund dem Nachbarviertel Wieblingen: Du wirst nicht das Gefühl haben, Teil einer größeren Stadt mit internationalem Flair zu sein – vielmehr glaubst Du Dich in einem kurpfälzischen Dorf gestrandet.

Viele Pfaffengrunder haben dann auch einen ausgeprägten Lokalpatriotismus. Jedes Jahr veranstaltet der Stadtteilverein mehrere Feste. Das Glanzlicht darunter ist das Siedlungsfest, Mitte September, im Gesellschaftshaus (Schwalbenweg 1-2) und drumherum.

Eine weitere Parallele zum Nachbarstadtteil sind die bemerkenswerten Bildungseinrichtungen. Das ehemalige „Stöckerwerk" ist heute eines der größten beruflichen Rehabilitationszentren Deutschlands. Die Graf-von-Galen-Schule bildet geistig und körperlich behinderte Kinder aus. In der Lehr- und Versuchsanstalt für Gartenbau werden Gärtner und in der Imkerschule eben Imker herangezogen.

Der besondere Platz

In der Imkerschule des Badischen Imkervereins lernen jedes Jahr 1500 Menschen, wie man an den Honig kommt, ohne gestochen zu werden.

Rohrbach

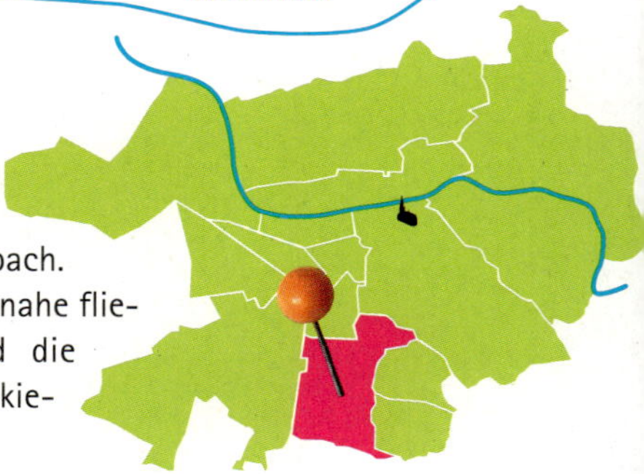

Am südlichsten Zipfel der Stadt, gut drei Kilometer vom Zentrum entfernt, liegt der Stadtteil Rohrbach. Der Übergang zur Südstadt ist beinahe fließend, die Sickingenstraße und die Eichendorffstraße im Norden markieren die Grenze.

Im Westen verläuft die Bahnlinie Richtung Karlsruhe, an der sich auch der S-Bahnhof Kirchheim/Rohrbach befindet. Die unendlich langen Zäune der amerikanischen Kasernen verlaufen durch die Südstadt, über ihre Grenze hinaus und bis nach Rohrbach und prägen damit ebenfalls das Stadtbild.

Das Zentrum von Rohrbach ist der Rohrbacher Markt mit gleichnamiger Haltestelle, wo viel Verkehr vorbeirattert und auch die S-Bahn (Linie 23 und 24) hält, die vom Heidelberger Zentrum in Richtung Leimen fährt. Hier findest Du auch kleinere Läden und Supermärkte, in denen Du alles für den Alltag bekommst. Biegst Du einmal um die Ecke in die Rathausstraße, stehst Du schon mitten im Ortsteil Alt-Rohrbach, wo es gleich ein wenig ruhiger ist und sich Dir eine schöne Kulisse aus Altem Rathaus und Melanchthonkirche eröffnet.

Vor dem Rathaus lädt ein kleines hübsches Plätzchen zum Pause machen ein. Die vielleicht einladendste Grünfläche des Stadtteils breitet sich aber vor dem Rohrbacher Schlössle aus, in dem sich die Thorax-Klinik befindet. Noch ruhiger wird es dann im Rohrbacher Wald, wo Naturfans voll auf ihre Kosten kommen.

Beinahe märchenhaft ist das landwirtschaftlich genutzte Gebiet um den Bierhelderhof, einem rustikalen Bauern-Gasthof mit Bergidylle und Biergarten – ein begehrtes Ausflugsziel nicht nur für Heidelberger.

Neben den Ortsteilen Kühler Grund, Gewann See und Hasenleiser gibt es in Rohrbach auch noch das Einkaufs- und Industriegebiet Rohrbach-Süd, das für Deinen Großeinkauf die richtige Anlaufstelle ist. Inmitten von Dienstleistungsunternehmen und Autohändlern findest Du im Kaufland-Gebäude von Klamotten über Schuhe, Lebensmittel bis zu einem Elektrofachgeschäft alles unter einem Dach und kannst so auch mal stressfreier als in der Innenstadt Deine Besorgungen erledigen. So charmant wie im Stadtzentrum ist es hier aber natürlich nicht.

Wohnst Du in Rohrbach, dann fehlt es Dir also eigentlich an nichts: gute Verkehrsanbindung, sehr gute Einkaufsmöglichkeiten, die Natur in unmittelbarer Nähe und dazu sogar noch ein Hallenbad (Baden-Badener-Str. 14) und eine Billardhalle an der Grenze zur Südstadt (Billardworld, Im Bosseldorn 23). Allerdings sind gute Kneipen nur spärlich gesät, aber der Weg ins Zentrum ist ja nicht allzu weit …

INFOBOX

Hochhausfaktor:

U30-Quote: 36 %

Einwohnerdichte:

Miethöhe:

Distanz zum Bismarckplatz: 3,6 km

Kneipendichte:

NOTIZEN

Der besondere Platz

Warum steht mitten im Rohrbacher Wald diese unendlich lange Treppe? Die **Himmelsleiter**, so heißt das mysteriöse Ding, hält zwar nicht ganz, was ihr Name verspricht – bis über die Wolken bringen Dich die 1200 Stufen nicht – aber immerhin über 270 Höhenmeter näher dran. Zum Fuß der Treppe kommst Du über die Verlängerung der Gregor-Mendel-Straße in den Wald.

DIE LÄNGSTE TREPPE DER STADT

Heidelberg

endlich

Schlierbach

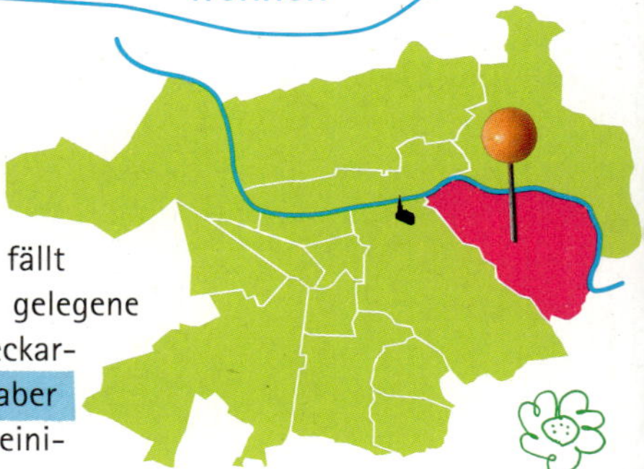

Zugegeben – Schlierbach ist kein Ort, an dem das Leben tobt. Mit knapp über 3000 Bewohnern fällt dieser am Ostrand Heidelbergs gelegene Stadtteil über dem südlichen Neckarufer eher in die Kategorie "klein aber fein". Und das bringt auch gleich einige Probleme mit sich:

So gibt es, von einem Blumen- und Lebensart-Geschäft (der hübschen „flower-station" im alten Bahnhofsgebäude) mal abgesehen, nur Brötchen und einige wenige Lebensmittel beim (einzigen!) Bäcker zu kaufen – wer mehr braucht, muss schnell mal über die Brücke nach Ziegelhausen.

Dafür bietet Schlierbach etwas anderes: ruhige Wohnidylle in unmittelbarer Nähe zum Zentrum (die S-Bahn braucht zur Heidelberger Altstadt nur drei Minuten). Wer sich also ins Private zurückziehen mag und dennoch nicht vom Rest der Stadt abgeschnitten sein möchte, ist hier gut aufgehoben.

Das hat auch die Heidelberger Prominenz erkannt: Nicht selten beziehen Zugehörige dieser Spezies ihr Domizil im Schloss-Wolfsbrunnenweg, der eine Verbindung zwischen Schlierbach und dem Heidelberger Schloss darstellt und sich zunehmend zur neuen Edeladresse der Stadt mausert. Neben Promi-Gucken läuft hier auch Sightseeing: Zum Beispiel im Carl-Bosch Museum (für Unwissende: Nobelpreisträger für Chemie!), gelegen direkt neben seiner Familienvilla – die übrigens auch ein sehr schöner Anblick ist.

INFOBOX

Hochhausfaktor:
U30-Quote: 37,6 %
Einwohnerdichte:
Miethöhe:
Distanz zum Bismarckplatz: 4,7 km
Kneipendichte:

Eine Warnung für Fußgänger: Die Höhenunterschiede innerhalb des Stadtteils gehören zu den extremsten in Heidelberg. Für Menschen ohne Auto oder sportliche Ambitionen gibt's aber ein Ruftaxi, das alle höher gelegenen Straßen nach einem Busfahrplan abfährt (und zwar zu Buspreisen; Bedarf muss allerdings spätestens 30 Minuten vorher angemeldet werden). Trotzdem wohnen die Besitzer kleinerer und mittlerer Geldbeutel tendenziell weiter unten (das Studentenwohnheim z. B. findet sich direkt am Neckarufer) – und von dort ist man auch deutlich schneller an Bus- oder S-Bahn-Haltestelle.

Der besondere Platz

Wer, wie die meisten Menschen, bescheidener wohnt, genießt bei einem Spaziergang in den oberen Gefilden einfach die Aussicht. Auf dem Klingelhüttenweg wird man plötzlich von herrlich bunten Bauerngärten mitten im Wald überrascht – ein ganz besonderer Platz in Schlierbach. Ein idyllischer Hingucker ist aber auch die Wolfsstatue am hübschen Wolfsbrunnen.

zu Hause Park gemütlich Heimat wohnen

Südstadt

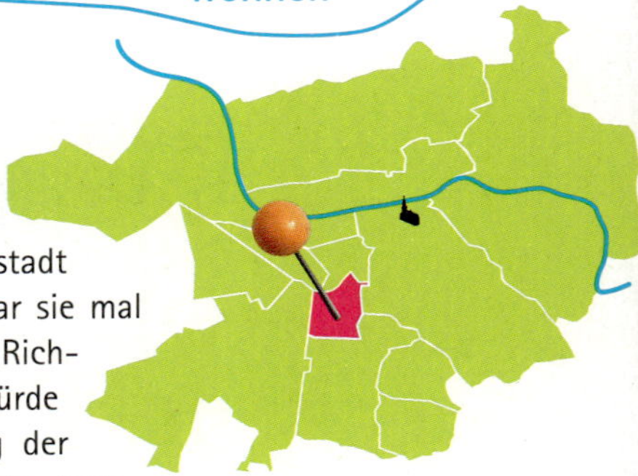

Lange Zäune, dicke Ami-Schlitten und ein berühmter Friedhof. Ein bisschen mehr ist die Südstadt dann aber doch. Ursprünglich war sie mal als Erweiterung der Weststadt in Richtung Süden gedacht und man würde auch heute noch den Übergang der Stadtteile kaum bemerken, hätte man nicht ein paar Orientierungspunkte, wie den Bahnhof Südstadt/Weststadt genau in der Mitte. Von hier aus kommst Du mit der S-Bahn in die Altstadt, zum Hauptbahnhof oder in viele benachbarte Städte. Mit dem Bus (29 und 757) und der Straßenbahn (23 und 24) bist Du ebenfalls schnell in der Innenstadt. Am Wochenende fährt zu später Stunde die Buslinie 94 in die Südstadt (Moonliner 1). Die Strecke ist aber auch mit dem Fahrrad kein Problem.

Die Südstadt gehört zu den jüngeren Stadtteilen und hat eigentlich kein richtiges Zentrum. Dafür ist sie aber mit Ausnahme des Gewerbegebiets „Im Bosseldorn" und der militärisch genutzten Flächen als Wohngegend sehr attraktiv. So ganz günstig sind die Mieten aber leider auch hier nicht.

INFOBOX

Hochhausfaktor:
U30-Quote: 37,5 %
Einwohnerdichte:
Miethöhe:
Distanz zum Bismarckplatz: 2,2 km
Kneipendichte:

Oberhalb der Bahnlinie in Friedhofsnähe ist die Gegend eher gehoben; idyllische Einfamilienhäuschen und protzige Kleinvillen säumen die Straßen. Etwas günstiger wird es dann unterhalb der Bahnlinie in der Nähe der amerikanischen Kasernen, die man schon von Weitem an ihrer großräumigen Umzäunung und der klobigen Bauweise erkennen kann. Viele amerikanische Soldaten wohnen dort mit ihren Angehörigen, abgeschottet in den Campbell Barracks oder dem Mark-Twain-Village, und nehmen damit ein Drittel der Fläche des Stadtteils für sich in Anspruch. Deshalb sind wohl auch überdurchschnittlich viele protzige SUVs und Riesen-Pickups auf den Straßen unterwegs.

Wie in der Weststadt, so ist auch hier die Natur nur einen Katzensprung entfernt. Der südliche Ausläufer des Gaisbergs bietet vielfältigen Freiraum mit sattem Grün, frischer Luft und tiefem Wald. Natur in kleinen Häppchen findest Du westlich der militärischen Anlage in einem Meer aus Schrebergärtchen und Sportanlagen, dem „Kirchheimer Loch".

Der besondere Platz

Auf jeden Fall solltest Du Dir mal den Bergfriedhof ansehen, der mit seinem wertvollen Baumbestand und den Grabanlagen zu den schönsten Friedhöfen in Deutschland zählt und bei Touristen oder ruhesuchenden Spaziergängern sehr beliebt ist. Viele bekannte Persönlichkeiten wie Friedrich Ebert, Max Weber, Hilde Domin oder die Naturwissenschaftler Carl Bosch und Robert Bunsen haben hinter seinen Mauern die letzte Ruhestätte gefunden. Oberhalb des Bergfriedhofs liegt auch der Ehrenfriedhof für die gefallenen Soldaten der beiden Weltkriege.

Weststadt

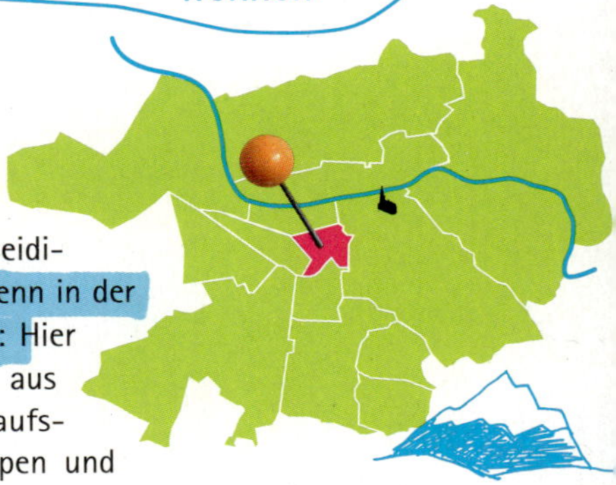

Antwortest Du auf die Frage nach Deinem Wohnviertel mit „Weststadt", erntest Du häufig neidische Blicke. Und das zu Recht! Denn in der Weststadt fehlt es Dir an nichts: Hier bekommst Du ein Komplettpaket aus zentrumsnahem Wohnen, Einkaufsmöglichkeiten, Cafés, Bars, Kneipen und Natur direkt vor der Haustür. Zwei Straßenbahnlinien und mehrere Busse bringen Dich in die Heidelberger Altstadt. Der Bismarckplatz ist, je nach Wohnlage, in wenigen Gehminuten erreichbar und der S-Bahnhof Weststadt/Südstadt in der Rohrbacher Straße lässt die Distanzen zu zahlreichen Städten in der Rhein-Neckar-Region schmelzen.

Aber warum wegfahren? Die Weststadt, deren malerische Häuser zum Großteil um das Jahr 1900 erbaut wurden, liegt am Fuß des sich in östlicher Richtung erhebenden Gaisberges, einem Nebengipfel des Königstuhls. Der Gaisberg erlaubt es Dir, innerhalb weniger Minuten von Wald, Bergen und sogar Kuhweiden umgeben zu sein. Jogger, Spaziergänger und Naturliebhaber gönnen sich hier gerne eine Auszeit vom Trubel des Arbeits- oder Uni-Alltags. Sehenswert ist der im Jahr 1876 errichtete Gaisbergturm, der in 360 Metern Höhe unweit des Berggipfels über der Stadt thront und jedem, der die 85 Stufen meistert, eine atemberaubende Aussicht über die Rheinebene bietet.

Wenn Du genug Natur getankt hast und Hunger bekommst, mach einfach einen Spaziergang zum Wilhelmsplatz, wo montags und donnerstags Händler aus der ganzen Region Waren anbieten, die jedes Gourmetherz höher schlagen lassen. Soll es jedoch etwas günstiger sein, findest Du im Viertel eine Auswahl an Supermärkten und kleineren Lebensmittelfachgeschäften, die keine Wünsche offen lassen.

INFOBOX

Hochhausfaktor:	
U30-Quote:	38,7 %
Einwohnerdichte:	
Miethöhe:	
Distanz zum Bismarckplatz:	1,3 km
Kneipendichte:	

Selber kochen ist nicht so Dein Ding? Kein Problem: Jede Menge Restaurants und Imbisslokale warten entlang der Rohrbacher Straße sowie in der Bahnhofstraße und südlich des Römerkreises auf Deine Bestellung. Dort werden auch Nachtschwärmer fündig, die den Abend bei einem Glas Bier oder einem Cocktail ausklingen – oder beginnen – lassen. Die Weststadt bietet Dir außerdem eine große Anzahl an Bars und Cafés, die nur das unmittelbar angrenzende Bergheim und die Altstadt noch toppen können.

Wilhelmsplatz

Der besondere Platz

Im **Café am Römerkreis** erlebst Du mit ein wenig Glück einen Hauch von Exotik. An Sommertagen sitzen ab und an quietschgrüne Halsbandsittiche, eine Papageienart, die sich in der Rhein-Neckar-Ebene angesiedelt hat, zwischen den Zweigen der Maronenbäume. Und wenn nicht: Die Bäume allein sind auch schon eine Besonderheit für diese Breitengrade.

MEISTFOTOGRAFIERTE KLETTERPFLANZE (BLAUREGEN AM ALOIS-LINK-PLATZ)

STADTTEILREKORD

Wieblingen

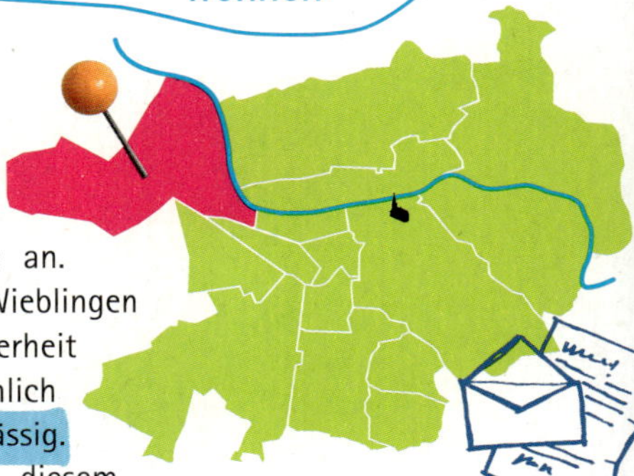

Wie bitte? Gehört das zu Heidelberg? Hört sich mehr nach einem Kaff im Schwabenländle an. Aber keine Sorge, solltest Du Wieblingen nicht finden, findet es mit Sicherheit Dich: Seit neuestem ist hier nämlich das Heidelberger Finanzamt ansässig. Wahrscheinlich dachte man, in diesem Winkel hinter der Flussbiegung könne die so beliebte Institution ganz unauffällig alles im Blick behalten. Aber auch der amerikanischen Radiosender AFN (American Forces Network) sendet von hier aus sein Programm.

Bei einer Universität von Weltruf fällt für die anderen Bildungseinrichtungen natürlich wenig vom Rampenlicht ab. Doch zu verstecken braucht sich Wieblingen in dieser Beziehung keineswegs. Nirgends gibt es mehr Schulen, zumal die Einwohnerdichte nur von Schlierbach und Ziegelhausen unterboten wird:

Eine davon ist die Freie Waldorfschule, die hier ihr Plätzchen gefunden hat, genauso wie die Carl-Bosch-Schule, ein berufsbildender Komplex technisch-gewerblicher Richtungen. Und last but not least die Elisabeth-von-Thadden-Schule. Im Jahr 1927 als Mädcheninternat von der Namensgeberin gegründet, ist es mittlerweile eine „normale" Schule, die auch dem männlichen Geschlecht offensteht. An die Gründerin, die mutig den Nazis Widerstand geleistet hat, erinnert außerdem ein Platz im Zentrum.

INFOBOX

Hochhausfaktor:

U30-Quote: 36,5 %

Einwohnerdichte:

Miethöhe:

Distanz zum Bismarckplatz: 4,6 km

Kneipendichte:

Arche-Hof-Projekt

Mag schon sein, dass Du Dich ein wenig ab vom Schuss fühlst in Wieblingen. Denn wer in einem anderen Teil der Stadt seine Zelte aufschlägt, wird sich selten hierher verlaufen. Ohne Auto und Fahrrad bist Du außerdem auf den Bus angewiesen, der zu allem Überfluss auch nicht so häufig fährt.

Das soll aber nichts über die Wohnqualität dieses Eckchens aussagen, in dem sich ländliche und städtische Luft ausgeglichen mischen. Nur die Mietpreise sind bereits deutlich niedriger als in zentraler Lage. Und das ist in Heidelberg schließlich kein zu vernachlässigender Faktor.

Der besondere Platz

Die Wieblinger sind echte Tierfreunde: Das **Arche-Hof-Projekt der Waldorfschule** nimmt gefährdete (Haustier-)Rassen in seine Obhut, um sie vor dem Aussterben zu bewahren. www.waldorf-hd.de

Ziegelhausen

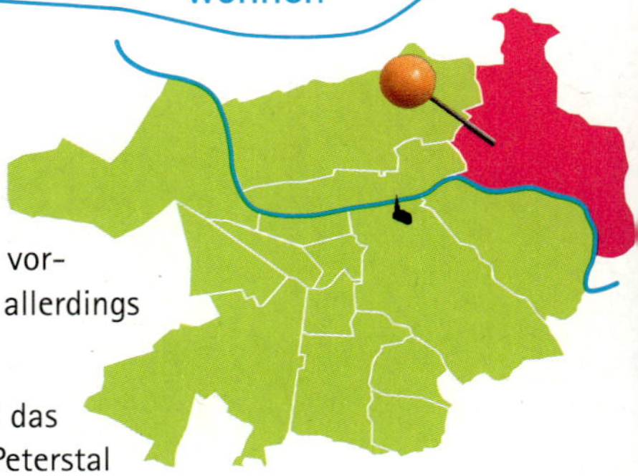

Der Name entstand, weil aus der hiesigen Tonerde rote Ziegel hergestellt wurden. Heute ist die vorherrschende Farbe im Stadtteil allerdings eine andere: Grün!

Aber von vorn: Ziegelhausen und das darüber auf dem Berg gelegene Peterstal wurden 1975 eingemeindet und bilden zusammen den jüngsten Heidelberger Stadtteil (bis auf die Bahnstadt natürlich). Und so verwundert es nicht, dass hier einiges anders ist, als im Rest von Heidelberg. An Fasching z. B. outest Du Dich sofort als Rest-Heidelberger, wenn Du anderen das gewohnte „Hajo!" entgegen schmetterst – hier benutzt man nämlich das kurpfälzerische „Ahoi". Aber das nur nebenbei.

„Ziegelhäuser" betrachten sich oft nur zweitrangig als Heidelberger. Man ist stolz auf den Unterschied, passt aber darauf auf, es den Rest der „Städter" nicht merken zu lassen. Tatsächlich ist man ja auch nahe dran – Ziegelhausen liegt östlich vom Stadtzentrum an der Nordseite des Neckars, mit Bus oder Auto ist man in einer guten Viertelstunde „in der Stadt"; von der S-Bahn-Haltestelle Schlierbach-Ziegelhausen (schnell erreichbar über eine Brücke) sind es nur drei Minuten zur Altstadt.

Kennzeichnend für den Osten Heidelbergs ist vor allem, dass ein Großteil der Häuser am Hang liegt – was für die Bewohner Ziegelhausens durchaus eine sportliche Herausforderung bedeuten kann, aber fast immer auch eine tolle Aussicht zur Folge hat. Ist das Zimmer also noch so eindeutig von Deinem Studentenbudget geprägt, der Blick aus dem Fenster ist unbezahlbar.

Besonders für den Naturverliebten ist Ziegelhausen DAS Wohngebiet. Umgeben von Wald und Bergen, gibt es hier zahllose Wanderwege: Etwa zum „Weißen Stein“ oder hinüber zum berühmten „Philosophenweg“, von dem aus man den Fluss und die Altstadt überblicken kann. Mit dem Rad geht's natürlich auch. Zudem gibt es für die sportliche Abwechslung ein Freizeitzentrum mit Hallenbad und Tennisplätzen.

INFOBOX

Hochhausfaktor:

U30-Quote: 32,5 %

Einwohnerdichte:

Miethöhe:

Distanz zum Bismarckplatz: 6 km

Kneipendichte:

Stift Neuburg

Der besondere Platz

Auch Gutes für die Seele wird hier geboten: Zum Beispiel auf dem **Stift Neuburg**, einem Benediktinerkloster mit angegliederter Landwirtschaft. Auf der Terrasse des Hofladens kann man nach vollbrachter Wanderung sitzen, sich ein „Klosterhof-Bier“ genehmigen (wird hier in Bioqualität gebraut!) und dabei zuschauen, wie die Kühe zum Melken heimkommen.
www.klosterhof-neuburg.de

Die Nachbarn im Norden: Dossenheim

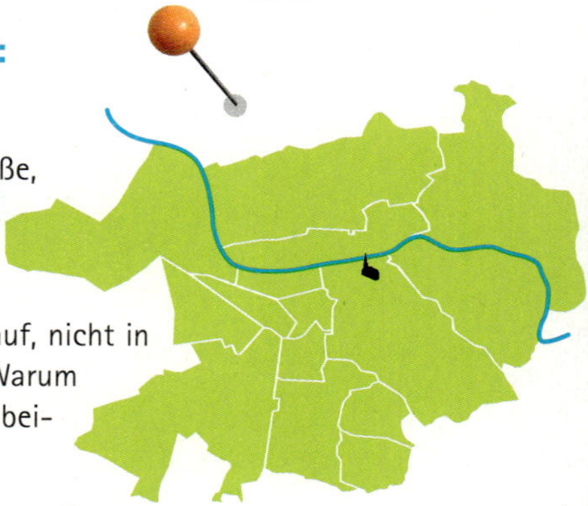

Wohnen direkt an der Bergstraße, Bananenpalmen und Feigenbäume im Garten, urige Besenwirtschaften um die Ecke ...
Da nimmt man doch gerne in Kauf, nicht in Heidelberg selbst zu wohnen. Warum auch? In Dossenheim fehlt es Dir beinahe an nichts.

Die Gemeinde grenzt nördlich an den Stadtteil Handschuhsheim und hat eine prima Straßenbahnanbindung nach Heidelberg. Auch mit dem Fahrrad kommst Du gut in die Stadt. Im Sommer sind dazu die Wege durch die kleinen Schrebergärten oberhalb der Bahnlinie gut geeignet. Dort kannst Du am Wegesrand ein paar Beeren naschen oder heimisches Obst direkt beim Schrebergärtner Deines Vertrauens kaufen.

Der Weg ins Grüne ist in Dossenheim immer kurz und vielfältig – ob hoch auf den Berg, in den Wald oder in die weiten Felder der Rheinebene. Hier zu wohnen stellt eine perfekte Alternative dar, wenn Du Dich in der Stadt zu eingeengt fühlst oder die Mieten Dir zu hoch sind. Es gibt umfangreiche Einkaufsmöglichkeiten, zum Beispiel im Einkaufszentrum an der Haltestelle Dossenheim-Süd, im Gewerbegebiet Richtung Schriesheim oder in mehreren kleinen Geschäftchen im Ortskern rund um die Rathausstraße.

INFOBOX

Hochhausfaktor:

U30-Quote: eher niedrig

Einwohnerdichte:

Miethöhe:

Distanz zum Bismarckplatz: 5 km

Kneipendichte:

Oberhalb der Bahnlinie geht es zwar manchmal steil bergauf, aber hier zu wohnen ist trotzdem angenehm und häufig sogar richtig malerisch: Die schmalen verwinkelten Gässchen und schnuckeligen Innenhöfe vieler Häuser versprühen mehr als nur einen Hauch von Urlaub. Nicht nur deshalb fühlen sich auch viele Familien hier sehr wohl. Unterhalb der Bahnlinie findest Du typische Wohngebiete mit vielen Einfamilien- und Reihenhäusern.

Aber auch wenn Du nicht hier wohnen möchtest, lohnt sich ein Besuch in Dossenheim. Es gibt wirklich hübsche Restaurants mit Terrasse, kleine Besenwirtschaften mit eigenem Wein, heimeliger Atmosphäre und im Vergleich zu Heidelberg zu deutlich günstigeren Preisen, ganz einfach weil der Touristenzuschlag wegfällt. Nur zum Ausgehen und für die große kulturelle Auswahl radelst Du dann aber doch besser nach Heidelberg.

Der besondere Platz

Verbunden mit einer kleinen aber steilen Wanderung ist die **Dossenheimer Schauenburg** ein besonderer Geheimtipp. Die Burgruine erfüllt ihren Zweck als Aussichtspunkt über die Rheinebene, romantisches Picknick-Ausflugsziel oder (für die entsprechende Altersgruppe) als Schauplatz für eine lustige Burgfräulein- und Ritter-Verfolgungsjagd über die kleine Holzhängebrücke.

Die Nachbarn im Westen: Eppelheim

Genau genommen ist auch Eppelheim kein Stadtteil von Heidelberg, sondern eine eigene Stadt. Als Wohnort bietet es sich aber trotzdem an, zumal Eppelheim im Westen direkt an die Stadtteile Wieblingen, Pfaffengrund und Kirchheim angrenzt. Wenn Du günstige Mieten suchst, ohne in einer reinen Wohngegend zu versauern und auf Freizeitmöglichkeiten verzichten zu müssen, bist Du hier genau richtig.

Auch ein kleiner Schaufensterbummel ist drin. Entlang der S-Bahnlinie, die sich durch den engen Ortskern zwängt, gibt es eine Auswahl an Geschäften, mit Drogeriemarkt, Bäcker, Gemüseladen und sogar einem Eiscafé. Eine bunte Mischung an Bewegungsmöglichkeiten bieten Dir ausgebaute Sportanlagen wie Sportplätze, Sporthallen, Eishalle, Hallenbad, Tennisplätze, Reitanlagen und ein Minigolfplatz.

Größere Parks und Grünflächen sind zwar Mangelware, dafür gibt's aber ein paar hübsche Plätze und Gärten wie zum Beispiel den Gottlob-Hees-Platz oder den Jakob-Neu-Garten. Der neu angelegte Stadtpark direkt im Ortskern ist zwar hauptsächlich ein Spielplatz, hat aber auch eine schöne Wiese anzubieten.

Auch kulturell wirst Du versorgt: In der Rudolf-Wild-Halle läuft ein ständig wechselndes und abwechslungsreiches Kulturprogramm, das auch überregional ausstrahlende Veranstaltungen vorzuweisen hat.

INFOBOX

Hochhausfaktor:

U30-Quote: eher niedrig

Einwohnerdichte:

Miethöhe:

Distanz zum Bismarckplatz: 5 km

Kneipendichte:

Sollte es Dir doch mal langweilig werden, hast Du von hier aus auch eine gute Anbindung an Mannheim oder Schwetzingen und nach Heidelberg natürlich sowieso! Die Straßenbahnlinie 22 fährt Dich im Zehn-Minuten-Takt in die Stadt. Mit dem Fahrrad kommst Du über die Brücke in Richtung Pfaffengrund und von dort aus ins Zentrum von Heidelberg. Ansonsten ist Eppelheim vor allem als Heimat der Capri-Sonne und den dazugehörigen Rudolf-Wild-Werken bekannt.

Der besondere Platz

Zwar nicht mit dem süßen Saft der Capri-Sonne gefüllt, aber trotzdem das Wahrzeichen der Stadt: der **Eppelheimer Wasserturm** im Ortszentrum. Im Sommer kannst Du auf dem Platz davor im Freien einen Kaffee genießen.

Rekordverdächtig: STADTTEILREKORD

Das schrägste Museum rund um Heidelberg ist wohl das **Eppelheimer Hasenmuseum** im Wasserturm. An die 1000 Objekte mit Häschen drauf sind dort zu sehen. Ob das jetzt süß oder doch eher gruselig ist, muss jeder selbst entscheiden.

F

Stra

Von
Von
A
nach
B
hrrad
Fahrr
hrrad
Fahrrad
Straße
A
B
A
Hupe
Schiene
Straßenbahn
Straße
Straßenbahn
Stau
Stau
Stau
A
B

Fahrrad Stau Straßenbahn Hupe Schiene

Egal, an welchem Ort in Heidelberg Du Dich niederlässt, auf jeden Fall willst Du auch mal woandershin. Möglichkeiten zur Fortbewegung gibt es viele und man sollte meinen, dass in einer eher kleinen Großstadt die Wege auch nicht zu lang werden. Dazu musst Du aber die folgenden Dinge wissen: Zum einen befindet sich die Heidelberger Stadtentwicklung in einer unglaublich produktiven Phase (was die Hoffnung auf zukünftige Zeitersparnisse zunächst mal mit den Unannehmlichkeiten zahlreicher Baustellen paart), zum anderen macht sich Heidelberg gewissermaßen in unterschiedliche Himmelsrichtungen „lang", was letztendlich doch die ein oder andere Minute ausmacht. Da hilft nur eins: Gelassenheit!

Gemessen am Raum sind Charme-Potenzial und Facettenreichtum Heidelbergs zum Glück allererste Liga. Also: Wer hat es bei solcher Schönheit eilig? Und überhaupt: Es kann nur besser werden.

Hast Du das Glück (oder Geschick?), Deine Zelte relativ zentral aufgeschlagen zu haben, musst Du Dir um Entfernungen in Heidelberg kaum Gedanken machen – das gilt zumindest für Altstadt, Weststadt, Bergheim und den überwiegenden Teil Neuenheims. Hier ist alles in unmittelbarer Nähe, weswegen grundsätzlich die einfachste aller Alternativen ausreicht:

Zwei Füße

Vorteilhaft, weil unschlagbar günstig und ideal, um die Atmosphäre der Stadt „im Vorbeigehen" auf sich wirken zu lassen – dass es sich lohnt, beweisen die Scharen internationaler Touristen, die es genauso machen. Die Hauptstraße ist die Pulsader der Altstadt und bereits seit Ende der

70er Jahre eine reine Fußgängerzone – sogar Radfahrer müssen absteigen. Mit unzähligen Geschäften, Cafés, Restaurants, Kinos und Kirchen gibt es hier alles, was der Mensch so brauchen kann. Allerdings sollte man auf keinen Fall die zahllosen Gassen und Nebensträßchen auslassen. Nicht nur, weil es abseits des Hauptverkehrsweges so manches Kleinod zu entdecken gibt, auch dem schlimmsten Touristenstrom kann man auf diese Art zielsicher ausweichen.

Wichtig für Studis und Angestellte der Universität: Die Uni Heidelberg befindet sich hauptsächlich an zwei Standorten, die örtlich voneinander getrennt sind. Im Neuenheimer Feld, einem Neubaugebiet im Westen der Stadt, liegt die „Campus Uni", wo die meisten Naturwissenschaften untergebracht sind. Im Stadtzentrum hingegen findest Du die einzelnen Institute der Geisteswissenschaften. Auf dem Campus und in der Innenstadt bist Du jeweils bequem zu Fuß unterwegs – von der Vorlesung geht's dann problemlos zu Fuß in die Mensa.

Wer's ein bisschen schneller will oder weiter draußen wohnt, der sattelt buchstäblich um:

Zwei Räder

Heidelberg ist eine Fahrradstadt! Allein die große Zahl der Radfahrer belegt, dass das Zweirad das ideale Fortbewegungsmittel ist. Und dafür wird auch einiges getan: Neben dem 120 km langen Radwegenetz der Stadt gibt es ausgewiesene Fahrradstraßen, für den Radverkehr in entgegengesetzter Richtung geöffnete Einbahnstraßen und überdachte Park- & Ride-Anlagen an den S-Bahnhöfen. Und falls es mal regnet, kannst Du Dein Rad in Bussen und Bahnen innerhalb der Stadtgrenzen (werktags ab 9.00 Uhr und an Wochenenden ganztags) sogar kostenlos mitnehmen.

Die Masse der Drahtesel kombiniert mit den schmalen Heidelberger Straßen führt aber mitunter zu einer gewissen Überfüllung, und zwar nicht nur im Verkehr, sondern auch beim Fahrrad parken. Zahlreiche Ladenbesitzer in der Innenstadt verbieten das Abstellen vor ihren Geschäften, weil sonst niemand mehr in die Nähe ihrer Schaufenster käme. Tatsächlich geht das Ganze so weit, dass die Stadt an besonders belasteten Orten (z. B. am Hauptbahnhof) regelmäßige Checks durchführt und Banderolen an Rädern befestigt, die nicht bewegt zu werden scheinen – werden diese nicht innerhalb von sieben Tagen entfernt, droht die Abholung und (nach weiteren sechs Wochen) die Verschrottung. Ein böses Erlebnis für den Urlaubsheimkehrer ...

Brauchst Du aus diesem oder einem anderem Grund ein neues Untergestell (oder hast auch nur Probleme mit Deinem alten), sind die Möglichkeiten der Neubeschaffung und Ersten Hilfe im Stadtgebiet ungezählt. Die größten und buntesten Läden sind dabei nicht immer die beste Wahl. Hier ein paar bewährte Adressen:

altavelo Fahrradladen (Bergheimer Str. 101): Hier findest Du neben einer Auswahl an Rädern und Zubehör auch noch einen Superservice; außerdem kannst Du die Luftpumpen und das Werkzeug im Hof kostenlos benutzen.

Madame Vélo (Alte Eppelheimer Str. 31a): Hier findest Du gebrauchte Räder in allen Varianten und immer günstig, außerdem gibt's hier auch einen Reparaturservice.

URRmEL, die Universitäre RadReparaturwerkstatt mit EigenLeistung (Gelber Dreifachcontainer auf dem Parkplatz neben dem Gebäude im Neuenheimer Feld 161): Hier gibt es ganz viel Hilfe zur Selbsthilfe.

Kommentar: Für Studis

Vier Räder

Wen überrascht es: Man braucht in Heidelberg eigentlich kein Auto, ja, man muss sogar schon einiges auf sich nehmen, wenn man dann doch eins hat. Zu Stoßzeiten kommt man oft nur im Schneckentempo voran,

„Grüne Welle" bei der Ampelschaltung hin oder her. Klar, dass Baustellen in Bezug auf den Autoverkehr zunächst ebenfalls negativ ins Gewicht fallen.

Aber ein eigener Wagen kann schon regelrecht lästig werden, wenn es ums Parken geht. Innerhalb des Zentrums gibt es verschiedene Zonen, für die man immer die (jeweilige) Anwohner-Parkerlaubnis braucht (kostet 36 € im Jahr bei den Bürgerämtern). Ansonsten wird eventuell schon eine Straße weiter – vorausgesetzt, man findet überhaupt einen Platz – irgendeine Form von Gebühr fällig (Parkhaus, Parkuhr, oder Strafzettel). Immerhin gibt es jetzt ein Online-Parkleitsystem, bei dem man sich die Belegung der Innenstadt-Parkhäuser im Internet anzeigen lassen kann (www.parken.heidelberg.de, aktualisiert wird alle 2 Minuten). In Kirchheim kann man sein Auto am Neuen Messplatz auch umsonst abstellen und dann mit Bus oder Bahn weiterfahren.

Brauchst Du nur ab und zu ein Auto – für den Großeinkauf, einen Wochenend-Ausflug oder zur Entsorgung größerer Mengen Altglas – versuch's doch mal mit Car-Sharing. In Heidelberg gibt es über 40 Abholstationen. www.rheinneckar.stadtmobil.de

Die Öffentlichen

Das Tolle am Öffentlichen Nahverkehr in Heidelberg ist, dass die verschiedenen Varianten – Bus, Straßenbahn und übriger Schienenverkehr – tariflich miteinander verknüpft sind und man mit Zeit- oder Wabentickets alle drei Möglichkeiten nach Lust und Laune miteinander kombinieren kann. Aktuell gibt es im Stadtgebiet 6 Straßenbahnlinien und 19 Bus- bzw. Schnellbuslinien, dazu kommen die S- bzw. Regionalbahnen an insgesamt 7 Bahnhöfen. Was sich kompliziert anhört, klappt mit ein bisschen Übung sehr gut.

Das Semesterticket (oder das Rhein-Neckar-Ticket, auch das Maxx-Ticket für Schüler) gilt sogar für alle Busse und Bahnen im gesamten Verkehrsverbund. Das schließt im Fall Rhein-Neckar auch Mannheim und Weinheim, in der entgegengesetzten Richtung Hockenheim, Sinsheim (Hoffenheim, für die Fußballfans) und Mosbach mit ein.

Innerhalb Heidelbergs bekommen auch Nicht-Studenten verschiedene Vergünstigungen. So gibt es einen „City-Tarif", der für Strecken zwischen S-Bahnhof Altstadt und Heidelberger Hauptbahnhof pauschal 1,20 €kostet. Oder einen stadtweiten Tagestarif, bei dem man bis zu vier Leute mitnehmen kann und der an einem Samstag oder vor einem Feiertag gelöst auch am Folgetag noch gültig ist („Ticket 24 Plus") – toll, wenn die Familie am Wochenende einfällt.

Super für Nachtschwärmer sind die verschiedenen „Moonliner", also Busse, die zwischen 1.00 und 4.00 Uhr ein- bis zweimal pro Stunde in alle verschiedenen Heidelberger Stadtteile fahren. Der besondere Service: Du kannst auf Zuruf sogar zwischen den Haltestellen aussteigen. Der Nacht-Fahrplan gilt aber leider nur Freitag- und Samstagnacht sowie vor allen Feiertagen. Unter der Woche werden einige Strecken aber immerhin noch bis ca. 1.00 Uhr befahren.
Mehr Infos zu allen Tarifen gibt's unter: www.rnv-online.de

Seit einigen Jahren unterstützt die Stadt auch ein "Frauennachttaxi" für alle, die sich als weiblich und über 14 ausweisen können. Tickets gibt's nur im Vorverkauf bei allen Bürgerämtern; Kostenpunkt pauschal 9 €, mit "Heidelberg-Pass+" 6 €.

www.heidelberg.de/frauennachttax

Noch mehr Infos zum Nachtverkehr im Kapitel "Feiern", S. 120

Für diejenigen, die Ziele fern der Massen anstreben: 8 verschiedene Ruftaxi-Routen (auch Sammeltaxi genannt) operieren noch da, wo es sich anders nicht lohnt. Die Preise orientieren sich an denen der Busse, Semester- oder Jahrestickets werden akzeptiert. Man muss nur eine halbe Stunde vorher anrufen. Genauere Infos zu Tarifen und detaillierte „Reiseplanungen" bekommst Du direkt beim Verkehrsverbund Rhein-Neckar: www.vrn.de

Eine schöne Besonderheit ist die historische Heidelberger Bergbahn, mit der es sich von der Altstadt stilvoll zum Schloss und auf den Königstuhl fahren lässt. Die Bahn wird zwar hauptsächlich von Touristen genutzt, die Fahrt macht aber wirklich Spaß – auf jeden Fall etwas, das man sich für Besuch aufheben kann. www.bergbahn-heidelberg.de

Hier fließt es immer: Schiffsverkehr

Der Neckar macht's möglich: Innerhalb Heidelbergs entspannt dahinschippern mit dem Solarschiff, das sich selbst als der „größte nur von Sonnenenergie betriebene Edelstahlkatamaran der Welt" bezeichnet. Also beinahe so ökologisch wie Laufen! Und noch nicht einmal furchtbar teuer. Abfahrt ist immer an der Karl-Theodor-Brücke / „Alte Brücke" (Altstadtseite); Essen und „Themenfahrten" gibt's übrigens auch. www.hdsolarschiff.com

Über Heidelbergs Grenzen hinaus geht's dann mit normalen Schiffen von verschiedenen Anlegern aus: www.rnf-schifffahrt.de

auch Nicht-Touris können das genießen.

Ess
lecker
lecker
lecker
mampf
Restaurant

Hunger? Hunger?
Hunger?
Hunger
Hunger
Hunger
Essen
Essen
Essen
Essen
mampf
ochen
Kochen
mainpf
Essen
Hunger
Fast Food
Fast Food
Fast Food
Food
mampf
endlich

Hunger? Hunger?

Essen zu Hause

endlich

Kochen
Bringdienst Pizza
Kaufen
Kochen
Pizza
Koche
Einkaufen
Einkaufen
Einkaufen
Einkaufen
Kochen
Einkaufen
Bringdienst

Essen soll Spaß machen Und obwohl man in Heidelberg sehr gut Essen gehen kann, ist selbst kochen mitunter genauso lustig und außerdem sehr praktisch. Nicht nur, weil es in der Regel günstiger ist und man sich den Heimweg spart. Sondern auch, weil Du gemeinsam mit Freunden ans Werk gehen und anschließend ganz gemütlich zu Hause abhängen kannst. Oder Du bekochst den oder die Liebste(n) ...

Gutes Essen steht und fällt allerdings mit der Beschaffenheit der Zutaten. Was das betrifft, gibt es für Heidelberg jede Menge Geheimtipps, wo Du besonders gute Ingredienzen oder auch ausgefallene Spezialitäten einkaufen kannst. Die gängigen Supermärkte lassen wir dabei außen vor, da Du sie ohnehin von allein finden wirst. Man weiß ja auch, wie dort das Sortiment aussieht. Also: In Heidelberg finden sich fast alle großen Supermarktketten verteilt über das Stadtgebiet – aber jetzt genug davon. Im Folgenden findest Du die Adressen, die für einen besonders gelungenen kulinarischen Genuss zu Hause sorgen.

Selber kochen

Märkte

Seit Jahrhunderten gilt: Heidelberg ist eine Marktstadt. Wer also wirklich frisches Obst und Gemüse einkaufen und nebenbei noch Wurst, Käse, Backwaren und eventuell Blumen für die Deko mitnehmen möchte, hat von Montag bis Samstag auf einem der verschiedenen Wochenmärkte die Gelegenheit dazu. In Neuenheim, Handschuhsheim, Ziegelhausen und Kirchheim findest Du auf dem Markt jeweils auch einen Fischstand: wirklich lecker!

Eine weitere Möglichkeit, um an frische Ware zu kommen, ist der Kauf direkt beim Erzeuger zu Hause:

Hofläden

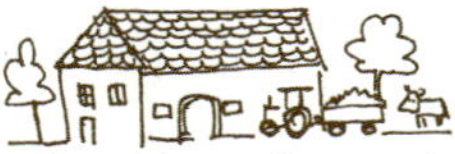

Hofläden gibt es einige, die meisten liegen aber natürlich nicht gerade in der City, sondern eher im Heidelberger Umland. Hier zwei der beliebtesten:

Hofladen P. Schlicksupp (Wiesenweg 35): Hier gibt s Obst, Gemüse, Säfte, Milchprodukte, Blumen ... und so mancher hat hier ein Problem, sich wieder loszureißen, besonders da auch noch alles so günstig ist.

Lenz Gärtnerei & Hofladen (Gewann Fischpfad 4) verkauft Gemüse, Obst, Kräuter und vieles mehr.

... und noch ein Hofladen, sogar Bio

Alles Bio

Vor allem beim Grünzeug ist das für viele mittlerweile selbstverständlich. Und auch in Heidelberg hat die grüne Welle voll eingeschlagen. Man bekommt prinzipiell ALLES auch in der ökologischen Version. Aber nicht nur das „was" ist variantenreich, sondern auch das „wie": Die Palette der Vertriebswege reicht von Filialen der großen Biomärkte über Direktvermarkter bis hin zur winzigen Poststelle, die – äquivalent zu einem Tante-Emma-Laden – auch eine biologisch zertifizierte Grundausstattung führt. Greif also zu, wo es Dir am besten gefällt! Hast Du noch keinen Plan? Dann versuch es doch mal hier:

Fair & Quer ist mit seinen zwei Filialen in Handschuhsheim (Steubenstr. 52) und Wieblingen (Adlerstr. 1) ein unabhängiger Bio-Supermarkt der ganz besonderen Art, denn er bietet außerdem noch einen Lieferservice und Catering an – Philosophie, Auswahl, Service: einfach ein tolles Konzept!
www.fairundquer.de

Du willst es auf die ganz bequeme Tour? Dann bestell doch Bio direkt im Internet und lass es Dir nach Hause liefern.
www.dirks-biokiste.de
www.apfelkorb.de

Die Vollkornbäckerei Mahlzahn mit vier Filialen (Gaisbergstr. 74, Ladenburger Str. 15, Mühltalstr. 2 und Rathausstr. 1) und mehreren weiteren Verkaufsstellen in Heidelberg und der Region verkauft Brote, Brötchen und Gebäckstücke aus 100 % biologischen Zutaten – alles selbst hergestellt, nur Vollkornmehl, keine Backmischungen. Supergesundes Geschmackserlebnis, das man sonst fast gar nicht mehr bekommt! www.mahlzahn.de

Im **Hofladen Klosterhof Neuburg** werden überwiegend eigene Produkte verkauft, darunter Milch, Forellen, Streuobstwiesen-Apfelsaft und in Bioqualität gebrautes Bier. www.klosterhof-neuburg.de

Internationales

Manchmal bekommt die hauseigene Küche erst durch einen Hauch Exotik den richtigen Pfiff. Alles für die Fusion-Küche und internationale Gerichte bekommst Du hier:

Im Tiger and Dragon's Foodstore (Rohrbacher Str. 8, im Carré) gibt es praktisch alles, was für die asiatische Küche benötigt wird – sogar frische Sachen. Und was bitte ist jetzt „Pak Choi"? Bei Unsicherheiten hilft das Personal gern weiter.

Der Anatolia Markt (Kurfürsten Anlage 62/12) führt neben Obst und Gemüse türkische Spezialitäten wie Fladen- und Dönerbrot, Hülsenfrüchte in allen Größen und Formen, Eingelegtes sowie Fleisch (große Auswahl bei Lamm). Auch Leckeres aus Nachbarländern ist vertreten (z. B. griechische Weinblätter und bulgarischer Hüttenkäse).

Der Pronto (Eppelheimer Str. 34) ist ein italienischer Supermarkt, der den letzten Italienurlaub mit Oliven, Mozzarella und Co garantiert wieder aufleben lässt ...

Piccadilly English Shop (Kurfürstenanlage 62) führt neben Malzessig, Salt- & Vinegar-Chips, Marmite und Cheddar noch viele andere, typisch britische Produkte.

Wochen

Weststadt
Wilhelmsplatz
Mo & Do
8.00–13.00 Uhr *

Neuenheim
Marktplatz
Mi & Sa
8.00–13.00 Uhr *

Altstadt II
Friedrich-Ebert-Platz
Di, Fr 8.00–13.00 Uhr *
Do 15.00–20.00 Uhr

Altstadt I
Marktplatz
Mi & Sa
7.00–14.00 Uhr

Rohrbach
Rathausstraße
Sa 8.00–13.00 Uhr *

ärkte endlich

*April–September schon ab 7.00 Uhr

La Flamm, Fromagerie (Ladenburger Str. 6) bietet eine große Auswahl an französischem Käse und **La Flamm, Patisserie** (Ladenburger Str. 12) Baguettes und feines französisches Gebäck.

Die **Käse-Ecke** (Kriegsstr. 10) macht wunderbare Zusammenstellungen ganz nach Deinen Wünschen.

Adressen fürs Dessert und auch mal so

Hat man sich um den Hauptgang gekümmert, kann man dem Menü hier die Krone aufsetzen (lassen). Alles aus Schokolade haben die **Chocolaterie St. Anna** (St.-Anna-Gasse 1 – besonders nettes Personal) oder die **Chocolaterie Knösel** (Haspelgasse 1b). Letztere stellt den berühmten „Heidelberger Studentenkuss" noch immer in Handarbeit her. Wer ihn noch nicht kennt, unbedingt probieren! Eignet sich übrigens auch hervorragend als Heidelberger Mitbringsel für Freunde und Verwandte in der Ferne.

Das ultimative Einkaufserlebnis gepaart mit süßem Geschmack gibt's aber hier: **Heidelberger Zuckerladen** (Plöck 52). Skurrile Süßigkeiten-Oase, die gern auch spezielle Wünsche erfüllt. Macht immer erst mittags auf – wer nicht hingeht, ist selber schuld!

Lieferdienste

Wenn zu Hause aber gar nichts mehr geht, lass es Dir bringen! www.emma24.de, Telefon 06221/657299. Dieser Lieferservice hat alles: Sushi, thailändische, italienische, griechische und arabische Spezialitäten. Hier kannst Du Dein Menü also wild zusammenbasteln! In der Innenstadt beträgt der Mindestbestellwert 9 €, weiter draußen 16 €

Nicht so experimentierfreudig? Pizzadienste gibt es wie Sand am Meer. Getestet und für gut befunden: **Il Sogno** (Kleingemünder Str. 72/8), www.ilsogno-hd.de, Telefon 06221/139494 oder **Salerno** (Brückenstr. 38), www.salerno-heidelberg.de, Telefon 06221/400821.

Hunger? Hunger?

Essen unterwegs

Restaurant Fast Food

Döner

Speisekarte Pizza

Fast Food

Döner

So vielfältig und bunt gemischt wie die Bewohner Heidelbergs sind auch die Möglichkeiten, hier satt zu werden. Das Angebot reicht von der günstigen Falafel bis zum exklusiven Sterne-Dinner. Es gilt jedoch (in Heidelberg, ebenso wie in allen anderen Städten dieser Welt, in denen der Tourismus eine nennenswerte Rolle spielt), dass sich die besten Angebote meist nicht direkt entlang der Hauptverkehrswege – in diesem Fall: der Hauptstraße – finden lassen. Wer Qualität für sein Geld bekommen will, der muss sich ein wenig auskennen oder einfach dieses Kapitel lesen. Denn hier zeigen wir Dir die wichtigsten Restaurants, Lokale und Imbissgelegenheiten, um zu jeder Tages- und Nachtzeit sowie bei jeder Finanzlage satt zu werden.

Auf die Schnelle

Heidelberg ist keine hektische Stadt. Der Hunger kann manchmal allerdings auch hier nicht warten. Ob nun in der Pause zwischen Vorlesung und Seminar, beim Einkaufsbummel über die Hauptstraße oder nach einer durchzechten Nacht in der Altstadt: Wer seinen Magen schnell zufriedenstellen und dabei auch noch den Gaumen glücklich machen will, wird in den folgenden Fastfood-Stätten garantiert etwas Brauchbares finden:

Drehspieß

Der Döner ist in Heidelberg ein ebenso essentielles Nahrungsmittel wie überall sonst in Deutschland. Man muss aber kein Kebap-Spezialist sein, um zu wissen: Döner ist nicht gleich Döner. Während die Preise meist ähnlich sind, gibt es mitunter große Geschmacks- und Qualitätsunterschiede. Natürlich gibt es immer wieder Situationen (und Uhrzeiten), in denen der Döner um die Ecke einfach die beste bzw. einzige Lösung ist. Ansonsten haben sich folgende Adressen in Heidelberg einen guten Ruf erarbeitet:

Yufka's Kebap (Hauptstr. 182): Mitten in der Altstadt, gleich bei der Heiliggeistkirche.

Kebapzentrum (Rohrbacher Str. 3): Direkt am Bismarckplatz, Anlaufstelle für hungrige Nachtschwärmer.

Charisma (Bergheimer Str. 59): Weniger zentral gelegen, nähe Campus-Bibliothek Bergheim. Insidertipp!

Ginos Schnellrestaurant (Hauptstr. 113): Direkt an der Hauptstraße, berühmt für sein „Ginos Spezial".

Asiatisch

„Beim Asiaten wird man schnell und billig satt" – diesem Mantra folgen auch in Heidelberg täglich hunderte Hungrige. Ähnlich wie beim Döner muss man allerdings auch hier erst mehrere Anlaufstellen durchprobieren, um zu wissen, wo die Asia-Nudeln nicht nur nach Geschmacksverstärker schmecken. Für den Anfang probier es doch einfach mal hier:

Im Carré mitten in Heidelberg, eine Gehminute vom Bismarckplatz entfernt, befindet sich die **Tiger and Dragon's Food Corner** (Rohrbacher Str. 8). Vor allem zur Mittagszeit ist die Ecke ein beliebter Anlaufpunkt für Studenten und Mitarbeiter der umliegenden Banken, Friseursalons und Fachgeschäfte. Es gibt Essen von der Karte mit den bewährten Klassikern wie Reis mit Hühnchen oder Peking-Ente, dazu täglich wechselnde Mittagsangebote.

Wer auf den Geschmack kommt und die leckeren Gerichte zu Hause nachkochen will, kann gleich gegenüber im Tiger and Dragon's Food Store die nötigen Zutaten kaufen.

Fast Food klassisch

Natürlich findest Du in Heidelberg die allseits bekannten großen Fastfood-Ketten, größtenteils am Hauptbahnhof und entlang der Hauptstraße. Wenn es aber um richtig gute Hamburger geht, gibt es für echte

Feinschmecker nur eine Adresse: **Mandy's Fast Food Center** (Speyerer Str. 1) an der Montpellierbrücke in der Weststadt (mit der 26 vom Bismarckplatz aus bis zur Haltestelle „Montpellierbrücke"). Die Geschichte dieses klassischen "American Diner" reicht bis 1972 zurück, als dort mit „Hardy's" die erste amerikanische Fastfood-Kette auf deutschem Boden eröffnete.

Bis heute machen die Besucher aus den nahegelegenen amerikanischen Kasernen einen nicht unerheblichen Teil der Kundschaft aus. Gegenwärtig gibt es im Center drei Restaurants:

Das **Pollo Campo** vereint nord- und südamerikanische Küche unter dem Hauptthema „gegrilltes Hähnchen". So finden sich auf der Karte neben argentinischem Bauernsalat und Taco Wraps auch Klassiker wie Chicken Wings und Folienkartoffeln.

Im **Mandy's** gibt es Fastfood in all seiner Bandbreite, und das unter der Woche bis 3.00 Uhr und am Wochenende sogar bis 4.00 Uhr morgens! Unschlagbar: der „Big Heidelburger & Cheese" für 3,70 € Bratwurst, Fisch und Salate runden das Angebot ab.

Hauptattraktion ist allerdings das in einem leicht überdimensionalen Bahnwagon beheimatete **Mandy's Railway Diner**. Hier gibt es nicht nur den besten, sondern mit dem „Megaburger" auch den größten Hamburger der Region. Alternativ werden unter anderem Bratkartoffeln, Pancakes, Sandwiches und Waffeln angeboten – alles natürlich vor Ort frisch zubereitet. Unbedingt probieren: die hausgemachte Limonade!

Gesund und schnell

In ganz Deutschland – und natürlich auch in Heidelberg – macht sich der Trend vom „Fastfood" zum „Fast good" bemerkbar. Mit anderen Worten: Die Mittagspause ist immer noch viel zu kurz, aber das Essen soll nicht nur schmecken und satt machen, sondern auch gesund und „bio" sein. Diesem Anspruch werden folgende Lokale gerecht:

Im **vit.** (Rohrbacherstr. 8) im Carré werden garantiert nur ökologische Zutaten aus der Region verwendet. Täglich gibt es hier zwei bis vier wechselnde Gerichte sowie eine konstante Auswahl an Snacks für den kleinen Hunger. Empfehlung: Kürbiscremesuppe!

Die Institution unter den Bio-Essgelegenheiten in Heidelberg ist das auf vegetarische Gerichte spezialisierte **red** (Poststr. 42), an der Ecke gegenüber dem Alten Schwimmbad. Man kann aus der mit Liebe fürs Detail zusammengesetzten Wochenkarte wählen oder sich am Buffet bedienen. Die Preise sind auch für Öko-Verhältnisse nicht gerade klein, aber die Qualität stimmt auf jeden Fall.

Und dann gibt es da noch das **dean & david**, ein Bio-Franchise-Lokal (Poststr. 4). Hier bekommst Du ein breites Angebot an Sandwiches und Salaten, letztere können auch ganz nach Belieben selbst zusammengestellt werden.

Alles auf einmal!

Wer sich nicht sofort entscheiden kann oder will, der geht am besten in die **Markthalle** im Erdgeschoss der Kaufhoffiliale an der Hauptstraße (direkter Eingang über die Plöck, Nummer 31-41). Hier kommt so ziemlich jeder auf seine Kosten: Ob ein einfaches belegtes Brötchen oder was Süßes zum Nachtisch von der Bäckerei, Deftiges vom Metzger oder frischer Salat an der Gemüsetheke, hier gibt es einfach alles! Wem der Sinn mehr nach Fisch steht, der kann sich zwischen der klassischen Nordsee-Filiale oder dem japanischen Sushi-Stand entscheiden. Außerdem bietet ein Bio-Stand wechselnde Nudelspezialitäten und ein China-Imbiss die bewährten asiatischen Leckereien.

Ab in die Mensa

Für den Großteil der Studenten heißt es mittags: ab in die Mensa! Da allerdings „mittags" in studentischen Kreisen eine stark kontextabhängige Zeitangabe ist, sind die Mensen in Heidelberg auch vor und nach den Hauptstoßzeiten gut besucht. Hinzu kommt, dass das Essen schmeckt, erschwinglich ist und auch Nicht-Studenten dort ihren Hunger stillen dürfen – allerdings bezahlen Gäste ohne Studentenausweis einen kleinen Aufpreis.

Direkt am Uniplatz ist die **Triplex-Mensa** die erste Anlaufstelle für hungergeplagte Akademiker. Der äußerlich wenig reizvolle Bau ist innen renoviert und lässt auf zwei Stockwerken keine Wünsche offen. Die klassische Mensa im ersten Stock ist in drei Ausgabebereiche eingeteilt: Ausgabe A ist die neuste, hier gibt es ein „Free-flow-buffet", das heißt: Jeder kann von allem etwas nehmen, bezahlt wird nach Gewicht. Die günstigste Variante ist das (vorportionierte) Tagesmenü an Ausgabe C inklusive Vorspeise und Nachtisch, das täglich wechselnde Auswahlmenü an Ausgabe B liegt preislich dazwischen. Alternativ kann man seinen Hunger im eat&meet im Erdgeschoss stillen, wo neben kleinen Snacks und Getränken täglich frische Speisen aus biologischem Anbau an einer „Front-cooking-station" zubereitet werden – heißt: Du schaust dem Koch auf die Finger.

Zwei Gehminuten vom Uniplatz Richtung Neckar, in einem der ältesten Gebäude Heidelbergs, befindet sich das **zeughaus** (Marstallhof 3). Der mittelalterliche Marstall, der diese Mensa beherbergt, ist innen modern eingerichtet und offeriert täglich eine große Bandbreite an Speisen vom Buffet. Auch hier kann jeder von allem etwas nehmen; je mehr das dann auf die Waage bringt, desto teurer wird's. Für die Marstall-Mensa spricht außerdem, dass sie 2010 und 2011 auf der Homepage des Hochschulmagazins UNICUM zur „Mensa des Jahres" gewählt worden ist. Aber auch zum Kaffee- oder Biertrinken trifft man sich gern im Hof des Marstalls, der zum Vorlesungen schwänzen förmlich einlädt.

Studenten und Angestellte im Neuenheimer Feld wissen die dortige **Zentralmensa** (Im Neuenheimer Feld 304) zu schätzen. Das Angebot ist auf fünf Essensausgaben verteilt und gleicht demjenigen der Triplexmensa: Es gibt auch hier Tagesmenü, Auswahlmenü und „Free-flow-buffet". Auch als Partylocation ist die Zentralmensa bekannt. Falls Du hier nicht studierst, wirst Du wohl spätestens mal bei der Sportlerparty oder dem legendären Medizinerfasching vorbeikommen.

Das Café in der Alten PH (Keplerstr. 87) beherbergt die kleinste, aber auch die charmanteste Mensa-Variante. Die **Mensa Alte PH** bekommt Essen aus der Zentralmensa geliefert und erweitert diese um frisch zubereitete Gerichte. Nicht zu vergleichen mit der Massenabfertigung in den großen Speisesälen.

Regionale bis internationale Küche

Echt kurpfälzisch

Das **Essighaus** (Plöck 97) ist zwar kein Szenerestaurant, aber schön „studentisch" und „rustikal". In Heidelberg ist es eine Institution und für seine bezahlbare und deftige Küche (Schnitzel) bekannt. Toll ist auch der Biergarten im Sommer!

Kulturbrauerei Heidelberg (Leyergasse 6): hohe Touristendichte und teilweise entsprechende Preise, aber hervorragendes eigenes Bier!

Italienisch

Kaum eine Küche ist bei den Tedesci so beliebt wie die italienische. Und wer kennt ihn nicht, den spontanen Heißhunger auf Pizza und Pasta? Entsprechend locken auch in Heidelberg viele Lokale mit Nudelgerichten und Backwaren aus dem Steinofen. Wo also einkehren? Wir zeigen Euch, wo nicht nur Italien draufsteht, sondern auch Italien drin ist!

In der **Alfredo Osteria** (Dreikönigstr. 25) gibt es einen temperamentvollen Koch, dem man bei der Arbeit zuschauen kann, während man auf seine leckere und für die Altstadt überraschend günstige Pizza wartet.

Insider empfehlen **La Locanda 26** (Steubenstr. 26) in Handschuhsheim, denn hier gibt es die angeblich beste Pizza Heidelbergs.

Das **Da Mario** (Rohrbacher Str. 3, direkt gegenüber vom Carré) liegt etwas versteckt über einer Bankfiliale; ein echter Italiener mit hervorragendem Preis-Leistungs-Verhältnis und angenehmer Atmosphäre.

Im **Da Vinci** (Bahnhofstr. 29) geht es etwas schicker zu: Die Krawattenträgerfrequenz ist höher, genau wie die Preise. Allerdings spürt man das auch bei Qualität und Service.

La Bruschetta (Plöck 56): In diesem kleinen Ein-Mann-Betrieb gibt es täglich wechselnde Angebote hausgemachter Spezialitäten und immer frische Pizzastücke. Gegessen wird an Stehtischen, die Preise sind nicht gerade niedrig aber schmecken tut's, nun ja, wie beim Italiener!

Indisch

Das **Raja Rani** erfreut sich seit Jahren großer Beliebtheit bei den Heidelbergern und mittlerweile gibt es schon zwei Filialen in der Altstadt: in der Mittelbadgasse 5 und in der Friedrichstraße 15. Frische Gemüse- und Hähnchengerichte mit Roti oder Nan und dazu ein Mango-Lassi sind eine schmackhafte (und auf Wunsch auch scharfe!) Alternative zur Mensa und auch sonst zu empfehlen. Für Studenten gibt's besondere Angebote.

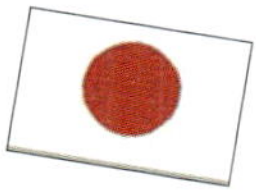

Japanisch

Auf der Hauptstraße 136 lockt die japanische Nudelbar **Moschmosch**. Neben den Nudelgerichten bekommst Du auch spannende Salat- und Suppenvariationen. Leider nur unter der Woche geöffnet.

Die **Sakura Sushi Bar** (Bergheimer Str. 1b) ist die einfachste Möglichkeit, in den Genuss rohen Fisches zu kommen. Zwei Häuser weiter (Nr. 7) findest Du ihren großer Bruder, das **Sakura Sushi Restaurant**. Hier lässt es sich nach dem Essen bei einem japanischen Bier gemütlich sitzen und „verzähle".

In der **Schultes Sushi und Cocktailbar** (Römerstr. 26) heißt es „Amerika trifft Asien". Sushi und Getränke werden in modern-stylischem Ambiente fachgerecht zubereitet.

Stylisch ist auch die **Samesame Sushibar** in der Steingasse 3. Hier findet jeder sein Lieblings-Sushi, egal was es ist, ob Nigiri, Gunkan, Futomaki, Inside-out-rolls oder Chirashi Sushi!

Spanisch

Mesón Madrid (Zähringerstr. 1, Bergheim): ein spanisches Restaurant, wie man es sich vorstellt, mit Tapas und allem, was dazugehört.

Französisch

Marktstübel (Ladenburgerstr. 18): elsässische Spezialitäten am malerischen Neuenheimer Marktplatz. Bei Sonne wunderschön zum draußen sitzen. Wenn das Wetter nicht mitspielt, kann man sich drinnen gemütlich den Magen mit Flammkuchen & Co wärmen.

Orientalisch

Im **Sahara** (Hauptstr. 167) gibt es libanesische Küche, also Halloumisalat, Hummus, Fatayer, Falafel und die gemischte Grillplatte.

Gebackene Kichererbsenbällchen in Perfektion sind selten. Beim **Falafel** in der Heugasse 1, wo es die schmackhafte Alternative zum Döner und gratis Tee dazu gibt, kannst Du aber bedenkenlos zuschlagen.

Marokkanisch

Das **Soltana** (HIP-Hotel, Hauptstr. 115) bietet marokkanische Küche in sehr stilvollem und authentischem Ambiente.

Couscous, Lamm aus der Tajine und zum Nachtisch Msemmen mit Honig serviert man Dir im **Maroc Delices** in der Landhausstraße 3 in der Weststadt.

Und sonst so?

Das **Bootshaus** (Schurmannstr. 2) bietet Dir alles von pazifisch über italienisch bis hin zum klassischen Burger. Dazu ein täglich wechselnder Mittagstisch und ein traumhafter Ausblick über den Neckar!

POP Restaurant (Untere Str. 17): Im denkmalgeschützten Pop-Art-Restaurant gibt's nicht nur ein tolles Ambiente, sondern auch moderne, innovative italienische Küche. Nicht gerade billig, aber hervorragend.

Im **Café Médocs** (Sofienstr. 7, gleich am Bismarckplatz) gibt es samstags, sonn- und feiertags Schnitzel mit Sauce und Beilage für 5,90 € Auch die Hamburger sind zu empfehlen.

Der besondere Anlass

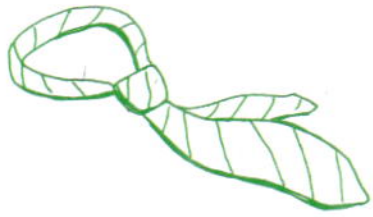

Vielleicht sind die Eltern zu Besuch, das Examen ist bestanden oder Du hast es einfach mal verdient. Alles, was Du jetzt brauchst, ist eine herausragende Küche und eine traumhafte Kulisse:

Im Restaurant **Goldener Hecht** (Steingasse 2) hat schon Goethe gespeist und André Rieu hat hier für sein Heidelberg-Special gefilmt. Das Lokal bietet österreichisch-deutsche Küche zu gehobeneren Preisen – endlich mal ein echtes Wiener Schnitzel und nicht bloß Schnitzel „Wiener Art". Die Lage ist perfekt! In einer der schönsten Ecken der Altstadt schaust Du von der Terrasse direkt auf die Alte Brücke. Freundliche Bedienungen im Dirndl (!) machen das zünftige Ambiente perfekt.

Yeah!

Weißer Bock (Große Mantelgasse 24): Exzellente regionale Küche mit internationalen Einschlägen zu angemessenen Preisen in gepflegt-uriger Atmosphäre. Kurz: ein Restaurant für besondere Anlässe.

Wer seinen Partner verwöhnen, den Eltern imponieren oder einfach nur sich selbst belohnen will, kann sich in **schwarz Das Restaurant** (Kurfürsten-Anlage 60) im obersten Stockwerk der Print Media Lounge (dem modernen Glaskasten gegenüber dem Hauptbahnhof) vom jüngsten Zwei-Sterne-Koch Deutschlands verzaubern lassen. Hier sind Preise, Qualität und Atmosphäre im wahrsten Sinne des Wortes gehoben. Reservieren solltest Du rechtzeitig im Voraus.

In einer ehemaligen Kuranlage auf dem kleinen Gaisberg (erreichbar mit der Bergbahn, die auch zum Schloss führt) liegt das Hotel und **Restaurant Molkenkur**. Hier finden neben privaten Feiern auch Event-Abende, wie etwa das „Criminal Dinner" statt, bei dem die Gäste eine Mischung aus Theaterstück und Kriminalspiel zum Mitraten erleben. Das Essen ist nicht ganz so spektakulär wie die Aussicht, außergewöhnlich ist so ein Dinner aber allemal.

Kaffee

endlich Cappuccino

Durst?
Durst?
Durst?
Durst?
Bier
Bier
Bier
Bier
Wein
Wein
Kaffee
Cappuccino
Cappuccino
Kaffee
Wein
Bier

Egal, ob Du einfach nur Durst hast, Lust auf einen Drink, einen Plausch beim Bier oder ein schönes Glas Wein, das gewisse Ambiente gehört einfach dazu. Von der stylischen Szene-Bar über den Irish Pub (wo sich besonders viele US-Amerikaner tummeln) bis hin zur kultigen Studentenkneipe findest Du zum Glück wirklich alles in der schönen Stadt am Neckar, und meistens auch noch in mehrfacher Ausführung. Wo Du – je nach Getränkewunsch – am besten hingehst, erfährst Du hier:

Kaffee

zum Mitnehmen

Der Kaffee ist unbestreitbar das wichtigste Getränk zum Start in den Tag – wie früh oder spät es auch sein mag. Kaffee zum Mitnehmen oder „to go", wie man heute sagt, ist eine praktische Sache und es gibt ihn mittlerweile auch in Heidelberg an jeder Ecke: auf dem Weg zur Arbeit, vor der Vorlesung oder einfach mal schnell zwischendurch. Wenn's aber nicht nur um den Koffeinkick geht, sondern der Kaffee auch noch gut schmecken soll, empfehlen sich die folgenden Adressen. Dabei handelt es sich übrigens rein zufällig um drei der besten, weil nicht fabrikbelieferten Bäcker in Heidelberg. Hier kannst Du Dir also ohne Bedenken zum Heißgetränk noch ein belegtes Brötchen oder „Kaffeestück" kaufen.

Bäckerei Grimm (Märzgasse 10): alles hausgemacht und alles frisch, dabei auch noch billiger als manche der großen Bäckerei-Ketten auf der Hauptstraße.

Bäckerei & Konditorei Gundel (Uniplatz 6 & Hauptstr. 212), seit 1896 in Heidelberg. Etwas teurer, aber wer hier einmal Laugenbrötchen gekauft hat, gibt sich so schnell nicht wieder mit Billigware ab.

Und noch ein traditionsreiches Heidelberger Haus mit gleich zwei Niederlassungen: die **Bäckerei Göbes** (Plöck 34) und **Sofie Göbes** (Sofienstr. 19), letztere direkt beim Bismarckplatz.

Cafés

Hast Du etwas mehr Zeit, willst noch einen kleinen Plausch halten, mal ganz entspannt Zeitung lesen und vielleicht noch ein Stück Kuchen dazu? Dann probier es mal in einem der folgenden Cafés.

Das Café Rossi (Rohrbacher Str. 4, zwischen Carré und Bismarckplatz) ist ein Klassiker unter den Heidelberger Kaffeehäusern. Hervorragender Kaffee, schöne Räumlichkeiten und Terrassenplätze sowie täglich wechselnde Angebote zum Mittag- und Abendessen überzeugen selbst Italiener. Das Frühstücksbuffet am Wochenende ist ein verhältnismäßig teures, aber wirklich reichhaltiges und leckeres Vergnügen.

Tipp: der vielleicht beste Espresso der Stadt, an der Theke für nur 0,90 €!

Im traditionsreichen **Café Schafheutle** (Hauptstr. 94) findet man das, was man von einem Kaffeehaus mitten auf der Hauptstraße nicht unbedingt erwarten kann: Gemütlichkeit. Zur Tasse Kaffee gibt es eine große Auswahl an frischen Kuchen und Pralinen. Im Sommer sitzt man auf der Hauptstraße, im Winter schaut man durch die Glasfassade nach draußen und wärmt sich an einer heißen Schokolade.

Bei **Star Coffee** handelt es sich um eine regionale Café-Kette, die – wie man unschwer am Namen erkennen kann – dem großen amerikanischen Vorbild Konkurrenz macht. Neben einer Filiale in Mannheim gibt es bereits zwei in Heidelberg (Sofienstr. 23 beim Bismarckplatz und Hauptstr. 129 beim Uniplatz). Die Preise sind etwas niedriger als beim großen Gegenspieler, der Sehen-und-gesehen-werden-Faktor aber ist mindestens genauso hoch.

Gleich zweimal auf der Hauptstraße gibt es das **Café Extrablatt**, nämlich in Nummer 53, gleich neben dem Psychologischen Seminar, und Nummer 162, kurz vor dem Marktplatz. Der Kaffee und die Essensangebote sind gut, vor allem aber wird hier montags bis samstags von 8.30-12.00 Uhr ein Frühstücksbuffet für nur 6,95 € geboten, das sich sehen lassen kann. Kaffee geht aber extra.

Relativ jung ist das **mildner's** in der Bergheimer Straße 81, gleich gegenüber der Campus-Bibliothek Bergheim. Sehr beliebt bei Studenten und jungen Bergheimern hat sich das Café zum szenigen Treffpunkt gemausert. Tatsächlich machen Einrichtung und Atmosphäre richtig was her, die Qualität der angebotenen Backwaren und Getränke ist aber eher durchschnittlich.

Gleich neben dem mildner's befindet sich das **Café Wema** (Bergheimer Str. 79), eine der sichersten Adressen der Stadt. Vom stets zuvorkommenden Besitzer über den hervorragenden Kaffee und den traumhaften Kuchen bis zu den Preisen stimmt hier einfach alles. Da aber die Einrichtung im klassischen Wiener Kaffeehausstil gehalten ist, verirren sich wenige junge Leute in den Laden. Also ein echter Geheimtipp!

Auch ein traditionsreiches Haus ist das **Café Frisch** (Jahnstr. 34), in dem bei schönem Wetter die Plätze knapp werden und die Oma- & Opa-Dichte konstant hoch ist. Allerdings wissen die Großeltern ja mit am besten, wo es ganz klassisch guten Kaffee und Kuchen gibt.

Eine Heidelberger Institution in Sachen Kaffee ist **Florian Steiner**. Der gelernte Sommelier und „Deutscher Röstmeister 2009" betreibt einen kleinen, aber mehr als feinen Laden in der Lutherstraße 28 in Neuenheim, wo neben dem breitgefächerten hochwertigen Kaffeeangebot auch hausgemachter Kuchen und erlesene Weine angeboten werden. Preislich natürlich überdurchschnittlich, aber qualitativ und geschmacklich eben auch Oberklasse.

Hemingway's (Fahrtgasse 1): Hier kannst Du frühstücken, mittagessen oder natürlich auch einfach nur Kaffee trinken, mit Neckarblick und in entspannter Atmosphäre.

Zur Abwechslung mal Lust auf heiße Schokolade? In der **Chocolaterie Yilliy** (Haspelgasse 7) schmeckt sie einfach ganz vorzüglich!

Cocktails & Longdrinks

Ein Cocktail kann der richtige Start in den Abend oder der passende Absacker nach einer langen Nacht sein – allerdings kann dabei auch jede Menge schief gehen. Man muss sich schon ein wenig auskennen in der Bar- und Kneipenszene, wenn man gut Gemixtes haben möchte. Damit Du keine süße Fertigmischung zu Dir nehmen musst, geben wir Dir ein wenig Starthilfe:

Bent Bar/Frollein Bent (Leyergasse 2): retro, erfolgreich, szenig. Cocktails auf Bestellung auch nach eigenem Rezept. Hochprozentiger und hochwertiger Alkohol.

Regie (Theaterstr. 2): auf Cocktails spezialisiert, bietet aber auch Pizza, Pasta, Flammkuchen und Salate an, außerdem Kaffee und Kuchen. Besonderheit: Auf dem „Aktionboard" wird immer ein Cocktail in begrenzter Stückzahl zu einem besonders günstigen Preis angeboten. Wenn's alle ist, gibt's das nächste Angebot.

Nectar essential Bar & Dining (Obere Neckarstr. 5): gediegene Location mit gemütlichem Außenbereich.

Café Villa (Hauptstr. 187): direkt an der Hauptstraße und eine Happy Hour mit billigen Cocktails.

Havana (Neckarstaden 24): außergewöhnlich schöne Räumlichkeiten, aber eher gewöhnliche Cocktails und Speisen. Salsadisco im Souterrain.

P11/Café am Römerkreis (Bahnhofstr. 63): Tagsüber Café mit urbanem Flair, nachts Szenetreff abseits der üblichen Feiermeile.

Juice inspired drinks & tasty food (Rohrbacher Str. 37): sehr stylische Location mit großem Cocktail- und ausgesuchtem Essensangebot.

Frisch herausgeputzt hat sich der **Schwarze Walfisch** in der Bahnhofstraße 27 in der Weststadt: eine gediegene Bar (Café/Restaurant), fernab vom Trubel der Altstadt. Wenn Du die überschaubare Cocktailkarte durch bist, hast Du auch noch eine große Wein-Auswahl.

Mehr als eine Bar mit südländischem Retro-Flair ist das **La Fée** (Untere Str. 29), wo regelmäßig musikalische Veranstaltungen stattfinden – z. B. Live-Jazz. Den Alltagstrott lässt Du einfach vor der Tür.

Wenn Du aber am liebsten über allem stehst, dann bleibt nur der stylische Cocktail in der **Sky-Lounge – Der Turm** (Alte Glockengießerei 9). Hochprozentiges ganz hoch oben, Ausblick inklusive.

Bier

Ob aus dem Supermarkt, von der Tanke oder in der Kneipe, ob zum Erfrischen in der Sonne, zum Abendessen oder zum Feiern: Bier spielt auch in Heidelberg eine zentrale Rolle. Allgegenwärtig sind neben den bundesweit bekannten großen Marken vor allem die regionalen Biersorten „Heidelberger" und „Welde" aus Plankstadt sowie das Schwarzwälder „Tannenzäpfle". Darüber hinaus gibt es noch ein paar kleinere, örtliche Brauereien.

Wir ziehen hier nun also einen Strich unter die oben genannten „Bars" und sprechen von nun an von „Kneipen" – hier die wichtigsten:

Vetter Alt-Heidelberger Brauhaus: selbstgebrautes Bier im touristischen Herzen Heidelbergs, der Steingasse (Hausnummer 9). Naturtrübes, Pils und dunkles Weizen, dazu saisonale Spezialitäten – und das Ganze auch abgefüllt zum nach Hause tragen.

Die **Kulturbrauerei Heidelberg** (Leyergasse 6) überzeugt, wie der Name schon sagt, durch eigenes Bier in eindrucksvoller Atmosphäre. Für letzteres sorgt die gediegene Einrichtung des historischen Gasthauses.

Vater Rhein: Heidelberger Kultkneipe in der Unteren Neckarstraße 20. Spaghetti für 1,90 €bis 2 00 Uhr nachts und Bier, solange der Wirt Lust hat.

Das **Palmbräu Gasse** (Hauptstr. 185) steht nicht ausschließlich im Zeichen der gleichnamigen Eppinger Biersorte, auch andere Marken und Getränke werden zu den deftigen Speisen serviert. Das Ganze bekommst Du richtig zünftig in großen Humpen bzw. fettigen, gusseisernen Pfannen auf den Tisch.

Der **Mohr** (Untere Str. 5-7) ist eine klassische Studentenkneipe mit großer Bier-Auswahl vom Fass. Dazu das übliche frittierte Allerlei.

Die Heidelberger Kultkneipe **Destille** (Untere Str. 16) war schon im Film „Anatomie" mit Franka Potente zu sehen. Dabei sind die Preise und der gemütliche Tresen alles andere als gruselig. Wechselnde Kunstausstellungen bringen außerdem die nötige Farbe ins Spiel.

Die **Sonderbar** (Untere Str. 13) ist etwas für hartgesottene Rocker und Heidelberger Urgesteine. Oder solche, die es werden möchten.

Die **Max Bar** (Marktplatz 5) ist sicher die charmanteste Adresse am sonst eher tourismusorientierten Marktplatz. Und besitzt dazu auch noch die schönste Fassade.

Das **Brass Monkey** (Haspelgasse 4) wird von den drei Irish Pubs in Heidelberg am wenigsten von Touristen in Beschlag genommen. Der Pub bietet ansonsten alles, was man erwartet: Irisches Bier, Darts, Tischfußball, Sportübertragungen, viel Live-Musik und eine große Whisky-Karte.

Wein

Du hast eher Lust auf einen guten Tropfen? Dank Heidelbergs Lage in Nordbaden kannst Du dabei getrost auch mal auf den Wein aus der Region zurückgreifen. Jetzt musst Du nur noch herausfinden, wo es Dir am besten schmeckt. Dort kannst Du dann Deinen Lieblingswein auch gleich für zu Hause mitnehmen.

Uriger geht es nicht: Regionale Weine, Winzervesper und alles in der historischen Stube, in der früher auch Weinfässer hergestellt wurden. In der Weinstube **Schnitzelbank** (Bauamtsgasse 7) geht's daher auch häufig sehr touristisch zu.

Im **Hugo Wine & Dine** (Rohrbacher Str. 47) kannst Du guten europäischen Wein mit feinem Essen kombinieren. Das Restaurant besticht optisch durch hochwertig-schlichte Einrichtung und kulinarisch durch ein umfassendes Angebot: Mittags wird ein 3-Gänge-Businesslunch für 8 €angeboten, abends Essen à la carte. Es gibt eine separate Weinstube, in der auch geraucht werden darf, sowie einen schicken Laden, in dem die Weine der Weinkarte zum regulären Preis erstanden werden können – insgesamt 400 Weine zur Auswahl! Wenn Dir ein Wein geschmeckt hat, kannst Du gleich die Bestellkarte ausfüllen und wirst schon am nächsten Tag frei Haus beliefert.

Wer in der Weinkarte neben Pfälzer Riesling und spanischem Rioja auch argentinischen Malbec und südafrikanischen Cabernet Sauvignon nicht missen will, ist im **Oskar Vinothek-Restaurant** (Haspelgasse 5) an der richtigen Adresse. Die Speisekarte ist klar nach dem Prinzip „Klasse statt Masse" aufgebaut, Menüs und À-la-carte-Gerichte sind ausgesucht und raffiniert, entsprechend sind die Preise.

Das **Tati** in der Bergheimer Straße 151 liegt vor Touristen versteckt in einem Innenhof in Bergheim, vier Gehminuten vom Bahnhof entfernt. Die Weinkarte umspannt den gesamten Globus und bleibt dabei im mittleren Preissegment. Der Inhaber, der gleichzeitig der Besitzer von Jacques' Wein-Depot (gleich nebenan – viele preiswerte Weine) ist, betreibt sein französisches Restaurant seit 1995, bietet aber auch internationale Spezialitäten an. Werktags gibt es unter dem Namen „Volkswirtschaft – Essen für jedermann" einen außergewöhnlichen Mittagstisch zu fairen Preisen; wie wäre es z. B. mit Zitronen-Kräuterhuhn mit Röstkartoffeln und Ratatouille?

Und nur zum Mitnehmen

Das **Wein Atrium** (Hauptstr. 169) gibt es bereits seit 1984 in Heidelberg. Das Angebot besteht hauptsächlich aus südeuropäischen Weinen aus Frankreich, Spanien, Italien und Portugal, aber auch Weine aus Deutschland, Österreich und der Schweiz werden verkauft. Im Geschäft in der Altstadt kannst Du nach Anmeldung neben traditionellen Weinproben auch Degustationsmenüs verkosten.

Mit gleich zwei Läden in Heidelberg bietet das **Wein-Refugium** vielen edlen Tropfen eine vorübergehende Zuflucht. Sowohl in Handschuhsheim (Dossenheimer Landstr. 47) als auch in Bergheim (Bergheimer Str. 97) kannst Du Dich äußerst fachkundig beraten lassen – oder auch ganz wild aus dem Bauch heraus oder nach dem hübschesten Etikett auswählen.

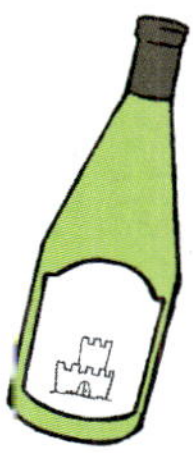

Grillen

Biergarten

Biergarten

Badesee

Badesee

Badesee

Eis

Grillen

Sommer!
Es ist
Sommer!
Sommer!
endlich
Kicken
Kicken
Grillen
Grillen
Badesee
Badesee
Grillen
Grillen
Grille
Biergarten
Biergarten
endlich
Biergarten

Endlich wieder Sommer! Aber, ach ja, da war doch was. Mit der ersten Hitzewelle kehrt die Erinnerung zurück. Richtig, der Sommer in Heidelberg kann ganz schön heiß sein! Und so drückend, dass es Dir schwerfällt, klar zu denken, und Du nach jeder Art von Abkühlung lechzt. Du hattest zwar Glück und hast den Andrang beim panischen Ventilatorenkauf im Baumarkt gut überstanden, aber alleine zu Hause vor dem Propeller sitzen ist ja auch langweilig. Also los ...

Badehose und Bikini sind einsatzbereit, das Kleingeld für eine Kugel Eis klimpert in der Hosentasche, die Sonnenbrille sitzt auf der Nase und Du bist umhüllt von einer Schicht Sonnencreme. Jetzt fehlt nur noch eine kühle Erfrischung, um Dir die heißen Sommermonate so angenehm wie möglich zu gestalten. Erster Stopp: Eisdiele.

Eis

Eisdielen sind in den Sommermonaten in Heidelberg magische Anziehungspunkte. Wenn die Hitze in der Stadt unerträglich ist, die Luft steht und alle in den Schatten flüchten, haben die Eisverkäufer Hochkonjunktur. Schließlich möchte sich jeder eine kleine Erfrischung gönnen, auch wenn man dafür häufig Schlange stehen muss. Bei folgenden Adressen kannst Du Dich auf schleckende Weise zumindest kurzfristig abkühlen:

Eiscafé Venezia (Hauptstr. 1): Das Eiscafé Venezia befindet sich im Darmstädter-Hof-Centrum direkt am Bismarckplatz. Perfekt also, um sich den kühlen Eis-Energieschub z. B. für einen bevorstehenden Shoppingmarathon zu holen. Möchtest Du Dein Eis im Sitzen essen, bist Du hier zwar von der Sonne abgeschottet, dafür findest Du aber sicher einen Platz. Und falls Du vor dem Eis noch was Deftiges willst – Pizza gibt's auch.

Schmelzpunkt – Schokolade und Eiskrem (Hauptstr. 90): Bei der Auswahl fiele es wirklich nicht leicht, sich für eine Eissorte zu entscheiden, wäre da nicht der Hintermann in der Schlange, der auch schon seit 5 Minuten wartet. Teuer ist es, wenn man nur eine Kugel nimmt. Die zweite bekommst Du bereits günstiger. Aber bei so vielen außergewöhnlichen Sorten – wie dem Renner „Heidelberg Brownie Fudge" – bleibt es ohnehin selten bei einer Kugel. Die Waffeln werden übrigens frisch selbst gemacht. Sitzen kannst Du drinnen und draußen und außer Eis gibt es auch noch sagenhaft leckeres Gebäck und Pralinen.

GelaTo Go (Hauptstr. 100): Die kleine, moderne Eisdiele liegt sehr zentral mitten an der Hauptstraße und hebt sich nicht nur durch das Design, sondern auch durch ausgefallene Eissorten von der Konkurrenz ab. Hier gibt's Bio-Eis und exotische Überraschungen wie Eis aus Büffelmilch oder Schokolade und Ingwer. Dafür fehlt es an Sitzgelegenheiten (wie der Name schon sagt) und das Bio-Eis kostet etwas mehr.

Bertolini (Hauptstr. 123): Das Bertolini punktet nicht unbedingt durch eine glamouröse Aufmachung, aber Du verpasst was, wenn Du nur nach Äußerlichkeiten gehst. Die Eistheke bietet beliebte italienische Klassiker und neuere Kreationen. Und das zu vergleichsweise günstigen Preisen und mit ausgesprochen nettem Personal!

Eiscafé Palast (Hauptstr. 149): Auch im Eiscafé Palast ist für jeden Geschmack was dabei. Das Sortiment bietet Abwechslung von Klassisch bis Exotisch und man kann sich mit einem leckeren Eisbecher ausgerüstet auch hinsetzen und den Einkaufstrubel in der Hauptstraße beobachten – wenn ausnahmsweise mal ein Platz frei sein sollte. Wäre das Eis noch etwas günstiger, dann gäbe es nix zu meckern.

Eis Roma (Fischmarkt 5): Rund um die Heiliggeistkirche tummeln sich natürlich viele Touristen, die dann gerne bei Eis Roma Halt machen. Die Preise sind fair, der Service ist nett und eine Auswahl an lactosefreiem Eis gibt's obendrauf.

Capri (Brückenstr. 19): An heißen Tagen kannst Du die Schlange vor dem Capri schon von Weitem erkennen. Wer so hartnäckig auf seine Kugel wartet, muss wohl wissen, was gut ist. Die Preise liegen im mittleren Bereich, das Angebot ist vielfältig, aber die Kugeln etwas mickrig. Dafür sind die Verkäufer auch bei viel Betrieb gut gelaunt und zackig. Je nach Schleckgeschwindigkeit schaffst Du es von hier aus mit Deinem Eis noch zu einem Spaziergang an der Neckarwiese oder dem Philosophenweg.

Plantschen, Baden, Schwimmen

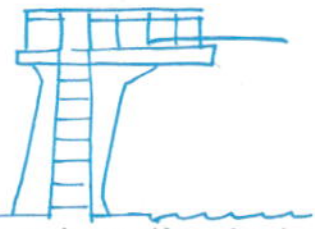

Freibäder gibt es in Heidelberg zwar nicht viele, aber die sind dafür gut ausgestattet und lassen fast keine Wünsche offen. Und wenn Du eine kleine Anreise in Kauf nimmst, wird die Auswahl mit den Bädern der Umlandgemeinden gleich viel größer. Die besten Adressen für alle Wasserraten exklusiv für Dich getestet:

Freibäder

Wenn Du in der Innenstadt bist und es nicht erwarten kannst, kopfüber ins Wasser zu springen, dann ab ins **Thermalbad** (Vangerowstr. 4). Der Name verspricht zwar viel, aber mehr als ein ganz normales Freibad findest Du hier nicht. Die Wassertemperaturen sind angenehm, die Liege-

flächen gepflegt, aber gesellig muss man schon sein, um sich dort wohlzufühlen. Die Besucher lassen sich von den Preisen nicht abschrecken und meist ist es proppenvoll. Nur morgens ist noch wenig los und Du kannst in Ruhe Deine Bahnen ziehen.

Du brauchst mehr Bewegungsfreiheit? Dann bist Du im **Freizeit-Bad Tiergartenstraße** (Tiergartenstr. 13) besser aufgehoben. Das größte Freibad Heidelbergs liegt zwar am Rande des Neuenheimer Felds, ist aber mit Rad und Bus gut erreichbar. Für ausreichend Parkplätze ist ebenfalls gesorgt. Jede Wasserratte kommt hier auf ihre Kosten: Es gibt ein Becken für Schwimmer, Nichtschwimmer, Springer und Kinder. Außerdem kann man sich auf den Volleyballplätzen, einem Basketballplatz und beim Tischtennis so richtig auspowern. Seit neustem kannst Du auch über eine tolle Wasserrutsche ins Wasser sausen. Und das alles zu Portemonnaie-schonenden Preisen.

Mehr Infos findest Du auf der Homepage der Stadtwerke www.swhd.de

Nahe Heidelberg findest Du in Neckargemünd im **Freischwimmbad** (Schwimmbadstr. 2) einen herrlichen Kompromiss aus Freibad und Natur. Die terrassenartige Anlage liegt direkt am Neckar mit Blick auf den Odenwald und hat einiges zu bieten. Gleich daneben sorgt die Abona-Beach-Anlage mit Beach-Volleyball, Soccer-Platz und Schirmbar für Urlaubsfeeling pur. 13 km flussaufwärts, etwa 25 min mit dem Rhein-Neckar-Bus 735. www.neckargemuend.de >> Städtische Einrichtungen

Auch mal einen Ausflug wert ist das **Waldschwimmbad Schriesheim** (Talstr. 186). Sehr idyllisch mit viel Platz im und ums Wasser und mit einem hohen Sport- und Spaßfaktor: Beach-Volleyball, Tischtennis, Außenbrett-Schach und Boule bieten geselligen Sommergenuss. Und das auch noch zu günstigen Eintrittspreisen! 13,5 km nordöstlich von Heidelberg; etwa 30 min mit dem ÖPNV.
www.waldschwimmbad-schriesheim.de

Noch eine Alternative ist das **Bellamar in Schwetzingen** (Scheffelstr. 16). Das Wasser ist hier angenehm temperiert und langweilig wird es Dir auf keinen Fall: Du kannst schwimmen, springen, rutschen, plantschen und Dich vielfältig sportlich betätigen. Saunieren oder einfach nur rumliegen ist genauso erlaubt. 10,5 km westlich von Heidelberg, etwas umständlich zu erreichen: mit den Öffentlichen und anschließendem Fußmarsch brauchst Du 40 min. www.bellamar-schwetzingen.de

Badeseen

Du fühlst Dich im Freibad wie eine Ölsardine in der Dose und Chlorgeruch findest Du eklig? Du möchtest lieber in Ruhe auf Deiner Luftmatratze übers Wasser gleiten und kleine Fischchen beobachten? Dann schnapp Dir Kühlbox und Gummiboot und ab geht's an den Badesee. Direkt in Heidelberg wirst Du zwar nicht fündig, aber in der Umgebung hast Du viele Möglichkeiten zum naturnahen Plantschen:

Absoluter Geheimtipp ist der **St. Leoner-See** in St. Leon-Rot bei Walldorf. Die Fahrradtour dorthin ist zwar schon eine längere Angelegenheit, der Weg dafür aber sehr idyllisch – und nach einer ordentlichen Radtour macht das Baden doch gleich noch mehr Spaß! Und die Strapazen werden reich belohnt: Das Wasser ist top, die Liegewiese groß, der Spaßfaktor extrem hoch und der Eintrittspreis trotzdem niedrig. Neben dem Badesee liegt ein separater Wassersportsee mit Wasserskianlage als besonderes Highlight. Hier kannst Du selber mal eine Runde drehen oder auch nur voller Schadenfreude zusehen. 22 km südlich, mit ÖPNV und kleinem Fußmarsch am Ende schaffst Du es in 40 min. www.st.leoner-see.de

Schneller mit Auto und auch Fahrrad erreichbar ist der **Waidsee** in Weinheim. Am Ufer musst Du zwar zunächst durch ein paar Algen waten, dann aber ist das Wasser ganz ordentlich. In der Sonne lümmeln kannst Du auf einer großen Liegewiese im kostenpflichtigen Bereich. Kostenlos baden kannst Du zwar auch, musst Dir dazu aber ein Plätzchen zwischen den Büschen suchen. 16,5 km nördlich, mit dem ÖPNV brauchst Du aber eine knappe Stunde dorthin. www.weinheim.de

Ein Stückchen weiter hinter Weinheim findest Du noch einen schönen und großen Baggersee. Der **Hemsbacher Wiesensee** bietet ausreichend Schattenplätze und die gesamte Anlage ist sehr gepflegt. Aber die knapp 25 km Entfernung sind eben schon grenzwertig. www.hemsbach.de

Kannst Du Dich nicht entscheiden, ob nun Freibad oder See, dann bist Du in **Heddesheim** (An der Fohlenweide 7) richtig. Du findest hier einen großen See mit sauberem Wasser und ausreichend Platz zum Rumliegen. Der zum Baden ausgewiesene Teil des Sees ist mit einem Freibad verbunden, so dass Du hier alles hast, was Du brauchst.

Mit öffentlichen Verkehrsmitteln kommst Du da leider nicht so gut hin, aber die Fahrradstrecke ist sowieso viel hübscher. Am besten fährst Du von der Neckarwiese aus direkt am Neckar entlang Richtung Ladenburg und folgst in der Altstadt der Ausschilderung für Radfahrer. Das Publikum dort ist gemischt, aber die typischen Kühlbox-Liegestuhl-Familien fallen besonders im Eingangsbereich ins Auge. Schüler und Studenten nehmen vorzugsweise das äußerste Ende der Wiese in Beschlag. Etwa 15 km nördlich von Heidelberg. www.heddesheim.de

Auch Richtung Karlsruhe gibt es einige Seen, in denen man schön baden kann. Zu empfehlen ist der **Baggersee in Bad Schönborn/Kronau** oder noch etwas weiter der **Hardtsee** in Upstadt-Weiher. Beide liegen an der Bahnlinie und sind von der Haltestelle zu Fuß oder mit dem Fahrrad gut erreichbar. Am Hardtsee ist angeblich „jeder Tag ein kleiner Urlaub" und bei einem so umfangreichen und abwechslungsreichen Angebot, kannst Du diesem Werbemotto auch ruhig Glauben schenken. Wie das bei Regen klappt, lassen wir mal außen vor. 26 km bzw. 30 km südlich von Heidelberg, vom Hauptbahnhof Heidelberg in 20 bzw. 25 min. mit der S-Bahn & einem ca. viertelstündigen Fußmarsch gut zu erreichen. www.hardtsee.de

Wenn längere Anfahrtswege für Dich kein Problem sind, ist der **Altlußheimer Blausee** (Friedensstr.), der auch als Freizeitzentrum bekannt ist, ein schönes Badeparadies. Du hast eine riesige Auswahl an sonnigen und schattigen Liegeplätzen, kannst Dich im kühlen Wasser auf Deiner Luftmatratze treiben lassen und es gibt einen ausgewiesenen Nichtschwimmerbereich. Außerdem kannst Du dort Kicken, Volleyball und Boccia spielen, Grillen oder Dich am Kiosk mit Eis am Stil und Pommes versorgen. Auch für sanitäre Anlagen und Umkleidekabinen ist gesorgt. 25 km südwestlich von Heidelberg, 30 min mit dem Auto.
www.foerderverein-blausee.de

Vielleicht kommt richtiges Urlaubsgefühl bei Dir aber erst auf, wenn Du das Bundesland verlässt? Dann fahr ruhig mal nach Altrip in Rheinland-Pfalz, südlich von Mannheim und Ludwigshafen. Die **„Blaue Adria"** klingt nicht nur nach Urlaub, sondern fühlt sich auch so an. Gleich mehrere Seen sind hier aneinandergereiht. Am Wasser befinden sich großzügige Sandflächen und Wassersportbegeisterte haben ihre helle Freude. 25 km westlich von Heidelberg, 45 min mit dem Auto.

Flüsse

Für einen Ausflug zum See braucht man schon mal mehr Zeit, warum also nicht einfach in den **Neckar** springen, fragst Du Dich vielleicht. Aber, ganz ehrlich, lass das lieber. Der Neckar in Heidelberg stinkt zwar

nicht und das Wasser sieht auf den ersten Blick auch in Ordnung aus, aber zum Baden ist es eher nicht geeignet. Die Strömung ist nicht zu unterschätzen, der Schiffsverkehr auch nicht und im Wasser tummeln sich Bakterien, auf deren Bekanntschaft Du gut verzichten kannst.

Stattdessen kannst Du aber einen Ausflug mit einem Neckarbummler machen. Nur weil da hauptsächlich Rentner an Bord sind, muss es ja nicht gleich langweilig sein. Lustig ist aber auch eine Runde mit dem Tret- oder Motorboot. Die kannst Du am Neckarufer beim Bootshaus Simon (nahe Thodor-Heuss-Brücke) von April bis einschließlich September mieten. Ein wertvoller Tipp für Tretbootfahrer: Bei starker Strömung zuerst flussaufwärts fahren! Wenn die Kräfte nachlassen, kannst Du Dich einfach wieder zum Ausgangspunkt zurücktreiben lassen.

Wenn Du aber doch unbedingt in fließendem Gewässer baden möchtest, dann gefällt Dir sicher die **Kollerinsel** in Brühl zwischen Rhein und Altrhein, etwa 15 km westlich von Heidelberg-Zentrum: Schöne Sandstrände, extrem klares Wasser und Idylle pur. Mit Öffentlichen kommst Du nicht wirklich hin – bleiben eine längere Radtour oder das Auto. Leider keine sanitären Anlagen.

Grillen

Ob Steak, Tofu-Würstchen oder Grillkäse – was wäre der Sommer ohne ein ausgedehntes Grillgelage. Wer keinen eigenen Garten oder Balkon hat, muss darauf keinesfalls verzichten. Gemeinsam mit anderen Grillbegeisterten ist es ja sowieso lustiger. Deinem Grillgut kannst Du an folgenden Orten so richtig einheizen:

Die **Neckarwiese** ist natürlich das Grillparadies schlechthin. Du darfst Deinen Grill zwar nur in den ausgewiesenen Grillzonen aufstellen, aber zum Sitzen kannst Du Dir dann ein gemütlicheres Plätzchen aussuchen. Beim Grillen kann man hier auch schnell Kontakte knüpfen: Grillanzünder vergessen? Kein Problem – der Nachbargrillmeister hilft sicher aus.

Grillen Sonne Baden Eis Kicken

Nachdem dann das letzte Würstchen verputzt ist, kannst Du Dich auf der Wiese noch so richtig austoben. Irgendjemand hat immer einen Ball oder ein Frisbee dabei und freut sich bestimmt über Deine Gesellschaft. Praktisch ist auch, dass öffentliche Toiletten in der Nähe sind. Die unter der Brücke sind ganz annehmlich und die beim Kiosk Ku 17 werden auch regelmäßig gereinigt.

Für die größere Grill-Party kannst Du auch eine Grillhütte samt Grillplatz mieten.

Im ganz großen Stil grillen kannst Du auf dem **Grillplatz Hellenbachgrillhütte** (Zum Steinberg 16) in Handschuhsheim. Hier kann man schon mal ein paar Leute mehr zusammentrommeln. Du findest den Platz in einem ehemaligen Steinbruch, umgeben von Wald und Vogelgezwitscher und kannst Dich bei Regen auch in die Grillhütte zurückziehen. Allerdings findest Du dort weder Strom noch sanitäre Anlagen.

Die zweite Möglichkeit wartet in Ziegelhausen mit dem **Grillplatz Pferchelgrillhütte** (Peterstaler Str. 134). Hier stehen eine Grillstelle in einer offenen Schutzhütte und eine Grillstelle im Freien mit Platz für rund 70 Personen bereit. Strom und Toiletten sind aber auch hier nicht vorhanden.

Infos zu Anmeldung und Preisen, sowie ausführliche Wegbeschreibungen findest Du unter www.heidelberg.de

Bist Du ein Fan von Allround-Programm aus Baden und Grillen, dann informier Dich am besten im Internet über die Grillmöglichkeiten an den Badeseen.

s. "Plantschen, Baden, Schwimmen", S. 86.

Picknicken

Im Sommer kann man ruhig mal spontan sein, den Kühlschrank leer räumen, sich eine Decke schnappen und die Mahlzeit einfach nach draußen verlegen. Keine Grillkohle schleppen, kein ewiges Feuermachen, kaum verbotene Zonen. Ein Picknick ist unkompliziert und irgendwie so schön archaisch.

Anlaufstelle Nummer Eins zum Picknicken ist natürlich wieder die **Neckarwiese**. Wenn Dich Grillrauch stört und Du nicht willst, dass ständig ein Ball im Salat landet, dann kannst Du Deine Decke einfach auf der östlichen Seite der Theodor-Heuss-Brücke ausbreiten oder etwas weiter am Neckar entlang Richtung Neuenheimer Feld laufen. Dort wird die Wiese schmaler und es ist weniger los.

Etwas überschaubarer ist es im Handschuhsheimer **Graham-Park** nahe der Tiefburg. Schattenplätze gibt es reichlich und der Rasen ist schön grün und saftig.

Du willst lieber eine schöne Aussicht? Vom **Philosophenweg** aus hast Du die auf jeden Fall und dort oben finden sich genug Bänkchen und Grünflächen zum Breitmachen. Verbunden mit einer kleinen Wanderung lässt es sich auch weiter oben auf dem Heiligenberg gut picknicken. Die Thingstätte bietet Dir da ein einzigartiges Ambiente.

Schön ist es natürlich auch auf der großen Wiese **vorm Heidelberger Schloss**. Das wissen aber auch die Touristen ...

Spiel und Spaß

Der Sommer ist viel zu kurz, um nur in der Sonne zu dösen. Bei schönem Wetter muss man einfach an die frische Luft und ab und zu auch mal den Kreislauf in Gang bringen. Ob mit Ball, Schläger, purer Muskelkraft, auf Rollen oder auf dem Wasser: Es macht einfach Spaß und das Eis hinterher schmeckt noch besser. Und: In und um Heidelberg findet sich sogar die ein oder andere abwechslungsreiche Überraschung ...

Beachvolleyball

Du hechtest gerne leicht bekleidet und schweißgebadet einem Ball hinterher und ordentlich Sand im Getriebe stört Dich gar nicht? Dann ist wohl Beachvolleyball der richtige Sport für Dich.

An der **Neckarwiese** in der Nähe des Spielplatzes gibt's gleich mehrere Sandplätze nebeneinander. Das Netz musst Du allerdings selbst mitbringen. Oder einfach irgendwo fragen, ob Du mitspielen kannst. Meist sind die Plätze ohnehin schon besetzt und Du musst Dich mit den Wartenden absprechen. Jeden Sommer findet auf der Neckarwiese ein Beachvolleyball-Turnier statt, bei dem auch das Zuschauen Spaß macht.

Herrlich ist es natürlich, wenn man nach dem Pritschen und Baggern gleich ins kalte Wasser springen kann. Das **Freizeit-Bad Tiergartenstraße** (Tiergartenstr. 13) zum Beispiel hat Beach-Volleyballplätze. Aber auch in den Freibädern um Heidelberg herum und an vielen Badeseen wirst Du fündig.

s. Plantschen, Baden, Schwimmen, S. 86

Kicken

Fußballgucken ist toll, aber selber kicken macht noch mehr Spaß. Der Ball rollt besonders gut auf der **Neckarwiese**. Dort treffen sich buntgemischte Grüppchen, die einfach mal drauf los kicken wollen. Ausreichend Platz dazu ist direkt neben den Beachvolleyballplätzen.

Willst Du aber lieber auf ein Tor schießen, das nicht durch zwei Sport-Taschen markiert ist, geht es professioneller auf einem kostenpflichtigen Platz. Der **Jumpinn-Freizeitpark** (Harbigweg 1) hat zwei Outdoor-Courts mit Kunstrasen und ist prima mit dem Fahrrad, der Bahnlinie 26 (Haltestelle Kirchheim Messplatz) oder der Buslinie 33 (Haltestelle Harbigweg) erreichbar. Sogar sexy Team-Leibchen kannst Du hier ausleihen. www.jumpinn-heidelberg.de

Einen schönen Kunstrasen mit Fangnetzkäfig und Beach-Soccer inklusive feinstem Sand und großen Toren findest Du im **soccer-4-you** in Wiesloch, 14 km südlich von Heidelberg, mit dem Auto in 20 Minuten erreichbar. www.soccer-4-you.de

Klettergarten

Wenn Du wirklich mal JEDEN Muskel spüren möchtest und keine Höhenangst hast, dann probier doch mal einen Klettergarten aus.

Im **Hochseilgarten Neckargemünd** (Schwimmbadstr. 40) bewegst Du Dich auf einem Hindernisparcour aus Seil- und Balkenkonstruktionen in verschiedenen Schwierigkeitsstufen auf bis zu 12 m Höhe. Auch Anfänger sind hier gut aufgehoben und werden vom Klettergartenpersonal individuell betreut. www.hochseilgarten-neckargemuend.de

Alternativ findest Du im **Hochseilgarten in Wiesloch** (Gewann Haagen 7) auf dem soccer-4-you-Gelände eine neue, aber etwas kleinere Kletteranlage zum Entlanghangeln. www.hochseilgarten-wiesloch.de

Ein besonderes Erlebnis ist ein Besuch des **Forrest Jump Hochseilgartens** in Walldürn-Rippberg (Hornbacher Landstr. 42). Allerdings ist die Anfahrt bis in die Tiefen des Odenwalds etwas länger (knapp 70 km). Mitten im Wald kannst Du alleine oder im Team unter kompetenter Betreuung den Tarzan in Dir rauslassen. www.forestjump.de

Einen Überblick über weitere Klettergärten in Deiner Nähe findest Du unter www.hochseilgarten-kletterwald.de

Minigolf

Mindestens einmal im Sommer solltest Du Minigolf spielen. Das weckt Kindheitserinnerungen und ist mit ein paar Freunden im Schlepptau eine lustige Herausforderung. Es soll ja jemand sehen, wenn Du stolz wie Harry einen Ball mit einem Schlag eingelocht hast. Den Coolness-Faktor musst Du dabei natürlich außer Acht lassen.

Den Schläger schwingen kannst Du im **Jumpinn** im Harbigweg 1. Hier kannst Du Dein Trefferglück auf 18 Kunstrasenbahnen auf die Probe stellen und musst kreative Hindernisse wie Autoreifen oder Leitplanken überwinden. www.jumpinn-heidelberg.de

Gemütlich ist es auf der Minigolfanlage im **Heidelgarden** (Tiergartenstr. 13). Gleich nebenan kannst Du Dich im Biergarten bewirten lassen oder im Liegestuhl am Heidelbeach bei einem Cocktail entspannen. www.heidelgarden.de

Inlineskaten

Skaten kannst Du natürlich jederzeit in Heidelberg, Radwege gibt es ja genug. Wenn Du Deine Inliner aber mal so richtig ausfahren willst, probier es doch mal mit einem der folgenden Events:

Zwischen April und September heißt es einmal im Monat: **Heidelberg on skates** und die Skater übernehmen die Herrschaft über den Verkehr. Auch Du kannst mitfahren und die Gelegenheit ergreifen einmal auf extra gesperrten Straßen durch die Stadt zu düsen. Treffpunkt ist immer der Parkplatz am Tiergartenschwimmbad um 19.30 Uhr. www.rhein-neckar-skater.de/hdos

Wenn Du mal so richtig den Asphalt spüren willst, dann los zum **Formel-1-Ring in Hockenheim**: Einmal jährlich räumen die Fahrer der Boliden die Strecke für Skater, Handbiker, Radfahrer und Jogger. Beim Boxenstopp musst Du Deine Räder aber selber wechseln ... www.skate-hockenheimring.de

Mal was anderes …

Du bist eher auf der Suche nach einem Adrenalinkick und bevorzugst Abenteuer und ein ordentliches Kribbeln im Bauch? Das alles und noch dazu die allerbeste Aussicht, die Du über Heidelberg bekommen kannst, hast Du bei einem **Gleitschirm-Flug** über die Stadt. Startplatz ist auf dem Königstuhl, direkt neben der Bergstation der Bergbahn.

Wer dort abheben – und heil auf dem Landeplatz beim Stift Neuburg ankommen – will, muss jedoch erst einen speziellen Flugausweis vorlegen können, den man als Mitglied der Kurpfälzer Gleitschirmflieger Heidelberg e. V. erhält. Nach einer Einweisung in das Fluggebiet und der Teilnahme an einem Baumlandungskurs steht Deinem Aufstieg in die Lüfte dann aber nichts mehr im Wege. www.kurpfaelzer-gleitschirmflieger.de

Wenn Du es einfach nur mal ausprobieren willst, geht das aber natürlich leichter mit einem **Tandemflug**. Dort ist dann auch ein erfahrener Gleitschirmflieger dabei. Genauere Infos erhältst Du unter www.tandem-zentrale.de

Packt Dich bereits bei der Vorstellung vom Fliegen die Höhenangst, Du willst aber auf Abenteuer trotzdem nicht verzichten, dann wäre vielleicht eine **Kajakfahrt** über den Neckar das Richtige. Mit einer Gruppe ab fünf Personen kannst Du an einer geführten Tour teilnehmen. Zum Beispiel mit Start in Edingen bis zum Karlstorbahnhof. Ein Picknick mit Verpflegung an der Neckarwiese kannst Du dazubuchen. Möchtest Du lieber in die andere Richtung, entscheide Dich für die Tour von Edingen bis zur Rheinmündung in Mannheim.
Weitere Infos findest Du unter: www.heidelberg-marketing.de

Ein besonderes Abenteuer erwartet Dich außerdem im **Maisfeld-Labyrinth** im Erlebnisland Hegehof bei Ladenburg. Such Dir dort Deinen Weg auf einer 3 Hektar großen Fläche durch Mais- und Hanffelder und triumphiere nach erfolgreichem Durchqueren der Irrwege. Besonders Mutige können dort auch mal eine Nacht verbringen …
Infos dazu unter: www.hegehofladenburg.de

Spazieren und Wandern

Das milde Klima in Heidelberg ist zwar ganzjährig ideal, um die Gegend zu Fuß zu erkunden, aber im Sommer ist es einfach besonders schön! Ausgerüstet mit Wanderführer und Wanderkarte kannst Du Dich nicht verlaufen und vorbei an alten Burgruinen auf Entdeckungstour gehen. Mit dem Odenwald vor der Nase eröffnet sich Dir ein riesiges Wanderparadies. Für den Anfang probiere es doch mal mit folgenden Routen:

Wandern auf dem Heiligenberg

Vom Philosophenweg aus hast Du jede Menge Möglichkeiten, eine Wandertour zu starten. Der Aufstieg dorthin ist am schönsten über den Schlangenweg, der direkt bei der Alten Brücke anfängt. Steil oder gemächlich, lang oder kurz, vorbei an märchenhaften Klosterruinen, dem Aussichtsturm Bismarcksäule oder mit einem Abstecher zu der eindrucksvollen Thingstätte wanderst Du hoch über der Stadt über ein vielfach vernetztes Wegelabyrinth. Die Beschilderung ist halbwegs übersichtlich, aber mit Wanderkarte kann wirklich nichts schief gehen.

Schön ist zum Beispiel die kleine Wanderung mit nur leichten Steigungen zum **Stift Neuburg**, die Du ganz gemütlich in etwa 1,5 Stunden bewerkstelligen kannst. Dazu einfach den Philosophenweg in östlicher Richtung entlanglaufen und der Beschilderung folgen.

Wandern auf dem Königstuhl

Auch auf der anderen Neckarseite findest Du in den Wäldern rund um den Königstuhl insgesamt 13 gekennzeichnete Wanderwege und noch dazu eine tolle Aussicht. Entweder Du startest von der Altstadt aus zu Fuß oder fährst erstmal mit der Bergbahn ein Stück nach oben und lässt die Molkenkur und das Schloss hinter Dir. Nimm Dir dazu am besten die kostenlose Wanderkarte an der Bergstation mit.

Reizvolle Wanderziele, alle mit einer Gehzeit zwischen 1 und 4 Stunden erreichbar, sind zum Beispiel das **Felsenmeer**, der **Wolfsbrunnen**, der **Exotenwald** mit seinen riesigen Mammutbäumen, der **Ehrenfriedhof**, der **Kohlhof**, der **Speyererhof**, der **Riesenstein** und der **Gaisbergturm**. Bist Du zu erschöpft, um den ganzen Weg auch wieder zurückzulaufen, sei beruhigt: Alle Wege enden direkt an oder in der Nähe von Bushaltestellen.

Deine Sinne für die Natur schärfen kannst Du auf der Wanderwegschleife **„via naturae"**. Auf 8 Kilometern – Du kannst Dich auch für die kürzere 3,5 km lange Route entscheiden – passierst Du liebevoll gestaltete Bildtafeln mit Infos rund um die Lebensgrundlage Wald. Wanderzeit ist ca. 2 Stunden, die Steigung mäßig zwischen 310 und 550 Höhenmetern. Du gehst auf dem Oberen Drachenhöhlenweg und dem Kaiser-Franz-Weg entlang, bis runter zum Linsenteicheck. Über den Alten Hilsbacher Weg, vorbei an der Kraussteinhütte, geht's dann wieder nach oben auf den Königstuhl.

Für geschichtlich Interessierte ist eine Wanderung auf dem **„Historischen Pfad"** im Heidelberger Stadtwald zu empfehlen. Los geht's am Stadtgarten nahe dem Adenauerplatz und über den Gaisberg und die Molkenkur läufst Du hoch zum Schloss. Nach den insgesamt 12 Kilometern bist Du Experte zum Thema „Eroberung Heidelbergs zu Beginn des 30-jährigen Krieges" – vorausgesetzt, Du hast die vielen Hinweisschilder zu den ehemaligen Befestigungsanlagen und Schanzen auf dem Weg aufmerksam gelesen.

Sc

Schnee

Schnee

Schnee

Schnee

Schnee

Schnee

Schnee

Schnee

Schnee

Schnee

Schnee

Schnee

Winter!

Frostige Zeiten

Schnee Eiskratzen brrr Sauna kalt

Brrrr ... ist das kalt! Aber auch wenn Du trotz dicker Winterjacke frierst, hat die kalte Jahreszeit doch auch ihre schönen Seiten: Weihnachten, besinnliche Stunden, Glühwein trinken und Lebkuchen essen. Aber wenn Du nun denkst, dass sich jeder lieber zu Hause im Warmen verschanzt und die Straßen menschenleer sind, liegst Du falsch.

Sollte es in Heidelberg tatsächlich einmal schneien, sieht die Stadt aus wie eine märchenhafte Schnee-Schüttelkugel und ist damit besonders in der Vorweihnachtszeit ein Magnet für Touristen. Märchenhafte Atmosphäre hin oder her, auch in Heidelberg wird es früh dunkel, man watet durch Schneematsch und sucht vergeblich in der überfüllten Innenstadt nach einem molligen Plätzchen.

Bevor Du nun beschließt, in einen Winterschlaf zu verfallen, weil alle Karibikflüge bereits ausgebucht sind, solltest Du wissen, dass die Stadt – versteckt hinter grauem Wintereinerlei – jede Menge Freizeitaktivitäten auf Lager hat. Ganz nach Deinem Geschmack kannst Du dabei entweder die beheizte Rein-ins-Warme-Variante wählen oder Dich für die frostige Frische-Luft-egal-wie-kalt-Version entscheiden. Wobei eine warme und wasserfeste Jacke als Standardausrüstung eine gute Investition darstellt. Der Heidelberger Winter ist nämlich leider doch eher nass als weiß.

Ab ins Warme

Gegen Nässe hast Du eigentlich gar nichts, nur die Kälte stört Dich? Im Hallenbad ist alles schön beheizt und Du kannst endlich Deine dicken Winterklamotten loswerden. Fühlst Du Dich selbst schon wie ein Schneemann und möchtest mal wieder so richtig schwitzen, ohne Dich viel bewegen zu müssen, dann gönn Dir einen Saunabesuch. Die sportlichere Variante wäre dann noch Hallensport jeder Art – für überdachte Bewegungsmöglichkeiten ist in jedem Fall gesorgt.

Schwimmbad mit Wellness-Faktor

Schwimmen kannst Du in Heidelberg in insgesamt drei Hallenbädern. Das zentralste davon liegt mitten in der Stadt, direkt am Bismarckplatz: das **Hallenbad im Darmstädter Hof Centrum**. Besonders groß ist es zwar nicht – es gibt ein Schwimmbecken (25 m) und ein Nichtschwimmerbecken (16 m) – dafür ist es aber ideal, um spontan ein paar Runden zu kraulen oder sich mit den Massagedüsen den Alltag wegzusprudeln. Es lohnt sich der Kauf einer 10er-Karte, dann wird's ein bisschen günstiger …

Immer noch nicht warm genug? Dann sind für Dich besonders die Warmbadetage interessant. Die gibt's jeden Mittwoch und Donnerstag im ähnlich überschaubaren **Hallenbad Hasenleiser** (Baden-Badener-Str. 14). Am besten fährst Du mit der Buslinie 33 bis zur Haltestelle Erlenweg.

Etwas mehr Wellnessprogramm hat das **Hallenbad Köpfel** (Stiftweg 32) in Ziegelhausen zu bieten. Verwöhn Dich dort mit Massagedüsen, Solarien und einer Sauna mit Ruheraum (Stiftweg 32, Buslinie 33 bis zur Haltestelle Köpfel).

Infos zu den Hallenbädern in Heidelberg mit Eintrittspreisen und Öffnungszeiten findest Du auf der Seite der Heidelberger Stadtwerke. www.swhd.de

Alternativ gibt's auch in **Dossenheim** (Gerhart-Hauptmann-Str. 14) und **Eppelheim** (Justus-von-Liebig-Str. 7) jeweils ein Hallenbad mit günstigeren Eintrittspreisen; beide sind mit der Bahn auch gut erreichbar. Größere Erlebnisbäder mit Kamikazerutsche, Saunalandschaften und Verwöhnprogramm findest Du in Weinheim (**Miramar**, Waidallee 100) und Schwetzingen (**Bellamar**, Odenwaldring).

Hallensport

Ob mit oder ohne Mannschaft, auch im Winter musst Du nicht auf Deinen Lieblingssport verzichten. Rund um den Ball kannst Du Dich auf Fußball-, Tennis-, Badminton- oder Squashfeldern in der **SoccArena** (Harbigweg 8) nahe dem Messplatz in Kirchheim austoben.
www.soccarena-hd.de

Einen ordentlichen Muskelkater kannst Du Dir auch in der benachbarten Kletterhalle holen. Im **Kletterzentrum VertiGo** (Harbigweg 20) kannst Du Dich auf einer Wandfläche von insgesamt 800 qm an 120 verschiedenen Kletterrouten entlanghangeln.
www.kletterzentrum-heidelberg.de

Eine noch größere Kletterfläche mit über 350 Routen findest Du im **Kletterzentrum Extrem** in Mannheim (Am Ullrichsberg 10).
www.kletterzentrum.de

Wenn Du auf glänzende Kugeln stehst und Dich in ausgelatschten Leihschuhen wohlfühlst, dann ist auch ein gemütlicher Bowlingabend mit Freunden ein schönes Abendprogramm. Das **Firebowl** (Bergheimer Str. 139) in Heidelberg liegt sehr zentral und hat außerdem mehrere Billard-Tische. Wenn die Kugeln mal ihr Ziel verfehlen sollten, hast Du immer noch die Gelegenheit, an den gelegentlich dort stattfindenden Karaoke-Abenden wenigstens den richtigen Ton zu treffen.
www.firebowlheidelberg.de

Draußen im Winter

Ab auf die Piste

Eine weiße Schneelandschaft sieht natürlich einladend aus, aber begeisterte Wintersportler werden schnell merken, dass Skier und Snowboard in Heidelberg wohl eher selten zum Einsatz kommen. Möchtest Du aber

auf keinen Fall Deinen Ruf als Pistensau verlieren, dann informier Dich am besten beim **Heidelberger Skiverein** über Ausflüge in bergigere Gefilde. Dort kannst Du bei Bedarf dann auch gleich einen Kurs belegen. www.ski-club-heidelberg.de

Kleinere Abfahrten sind aber auch auf eigene Faust in Heidelberg und im größeren Umkreis möglich, z. B. am Kohlhof. s. "Rodeln", S. 106

Das nächstgrößere Skigebiet für Anfänger und Könner mit allem Drum und Dran liegt etwa 80 Kilometer von Heidelberg entfernt in **Kaltenbronn/Gernsbach** südlich von Karlsruhe. Die Abfahrt ist 600 Meter lang und hat einen Höhenunterschied von 100 Metern. Hier treffen sich auch viele lokale Loipen- und Skifernwanderwege. www.kalterbronn.de

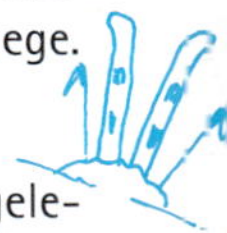

Etwa 85 Kilometer entfernt wäre da noch das im Schwarzwald gelegene **Skizentrum Enzklösterle** mit zwei Skiliften. Hier kommst Du hoch hinaus bei über 900 Metern Schlepplänge und Abfahrtsmöglichkeiten von „Leichter Abfahrt" bis „steiler Hang" mit 200 Metern Höhenunterschied. Sogar ein Abstecher in den unberührten Tiefschnee ist drin. www.skizentrum-enzkloesterle.de

Für hoch motivierte, aber noch unerfahrene Skifahrer lohnt sich auch mal ein Tagesausflug in die Tiefen des Odenwalds. Auf der **Neunkircher Höhe** (605 Höhenmeter, etwa zwischen Weinheim und Darmstadt) wartet eine flache, aber breite Piste mit Flutlichtanlage und Skilift darauf, befahren zu werden. Für Anfänger ist die Piste ideal. Bei guten Schneeverhältnissen sind für Skilangläufer außerdem viele Kilometer Loipen gespurt.

Weitere Pisten findest Du in der Gegend nördlich von Heidelberg in **Lindenfels** (450 Höhenmeter), **Beerfelden** (500 Höhenmeter) und **Grasellenbach** (500 Höhenmeter).

Wenn Du irgendwann alle Pisten in und um Heidelberg im Schlaf hinuntersausen kannst, gibt es noch andere Möglichkeiten, die Dein

Wintersportherz erfreuen könnten. Erwähnenswert sind hierbei das **Winterparadies Baiersbronn**, ebenfalls südlich von Karlsruhe, das **Skistadion Kniebis** in Freudenstadt oder die **Wintersport-Arena** in Holzelfingen. Mit einer Anfahrt ab 100 Kilometern liegen sie zwar nicht um die Ecke, sind aber die Reise in jedem Fall wert.

Rodeln

Du wartest schon das ganze Jahr darauf, mit Deinem Schlitten den Berg runterzusausen? Na dann los! Die zwei bekanntesten Rodelpisten in Heidelberg findest Du auf dem Königstuhl. Wenn im Tal alles wegtaut, hast Du hier noch die besten Chancen, Dich auf rund 570 Höhenmetern im Schnee zu vergnügen.

Beide Pisten erreichst Du mit dem Auto oder der Buslinie 39. Du kannst Dich auch mit der Bergbahn hochgondeln lassen oder Du stapfst einfach ganz tapfer selbst den Berg hoch. Aufwärmen kannst Du Dich dann im zugehörigen Landgasthof bei deftigem Essen und warmen Getränken.

Die erste Piste findest Du am **Kohlhof**. Dort kannst Du auf einer schönen langen Wiese ordentlich Kufe geben. Das Blöde am Schlitten fahren ist ja nur leider, dass man nach der wilden Fahrt den Schlitten wieder den Berg hochziehen muss. In diesem Fall jedoch hast Du Glück: Es gibt einen Lift, der Dich bequem wieder in Startposition bringt. Die Kohlhofwiese ist daher auch gut für Ski- und Snowboard-Anfänger geeignet. Der Lift ist allerdings nur bei richtig guter Schneelage und auch dann nur am Wochenende im Einsatz, genauso wie der kleine Kiosk unten an der Piste, der Dich mit heißen Würstchen und Getränken versorgt. An schneeweißen Wochenenden ist hier dafür wirklich viel los.

Die kleinere Variante bietet die Wiese am **Bierhelderhof**. Dort ist die Steigung aber eher mäßig und die etwas kürzere Abfahrt ist ausschließlich für Schlitten befahrbar. Eine weitere Rodelmöglichkeit bietet sich auf der **Straße zum Weißen Stein** in Dossenheim: Ziemlich weit oben auf der linken Seite findest Du eine große Wiese mit Parkmöglichkeiten gegenüber.

Eislaufen

Dir steht der Sinn nach waghalsigen Drehungen, gemütlichem Dahingleiten oder Rumgestolper auf dem Eis? Dazu musst Du nicht warten, bis die große Pfütze vor Deiner Haustür zugefroren ist, sondern Du kannst ganz bequem auf einer Kunsteisfläche Dein Talent unter Beweis stellen.

Das schönste Eislauferlebnis findest Du mitten in der Stadt auf dem Heidelberger Weihnachtsmarkt unterhalb des Schlosses. Dort ist traditionsgemäß auf dem Karlsplatz die **Christmas-on-Ice Freiluftbahn** aufgebaut. Du kannst hier Schlittschuhe ausleihen oder selbst mitbringen und Dich nach gedrehten Pirouetten mit Glühwein und anderen Weihnachtsmarktleckereien belohnen.

Die Konkurrenzbahn dazu steht auf dem **Schwetzinger Schlossplatz** und ist in Verbindung mit dem dortigen Weihnachtsmarkt definitiv eine lohnenswerte Alternative.

Da ja nun aber der Winter länger dauert als der Weihnachtsmarkt, hast Du natürlich auch andere Möglichkeiten, um auf Kufen dahinzugleiten. In Heddesheim gibt's eine schöne **Freiluft-Kunsteisbahn** mit Blick auf die Bergstraße, inklusive Schlittschuhverleih und Verpflegung.

Ist Dir die Indoor-Variante lieber, stehen Dir verschiedene Eishallen zur Verfügung. Im Takt der Musik kannst Du im **Eppelheimer Icehouse** (Rudolf-Diesel-Str. 20) bei gelegentlich stattfindenden Mottopartys wie „Disco on Ice" Deine Runden drehen und ausprobieren, ob ein Moonwalk auch auf Kufen machbar ist. Schlittschuhe gibt's ebenfalls vor Ort. www.icehouse-eppelheim.de

Weitere Hallen findest Du auch in Viernheim (**Eissporthalle**), Mannheim (**Eissportzentrum Herzogenried**) und Ludwigshafen (**Eisstadion**).

Es weihnachtet sehr ...

Und das in Heidelberg sogar ganzjährig. So mancher Heidelberger schüttelt da nur den Kopf, wenn Horden von Touristen im Hochsommer den **Käthe-Wohlfahrt-Laden** (Hauptstr. 124) am Universitätsplatz stürmen und sich mit kitschigem Weihnachtsschnickschnack eindecken. Aber je näher die Adventszeit rückt, umso häufiger schleicht dann doch auch der ein oder andere Heidelberger um den Laden. Wobei von schleichen nicht mehr die Rede sein kann, sobald der Weihnachtsmarkt erst einmal seine Tore geöffnet hat und Du durch die Menge über den Platz geschoben wirst. Aber keine Sorge, auch bei dem ganzen Gedränge bekommst Du dort noch eine Bratwurst ab.

Der **Weihnachtsmarkt** nimmt die ganze Innenstadt in Beschlag und Du kommst auf keinen Fall daran vorbei – auf insgesamt sechs Plätzen verteilen sich die Stände vom Bismarckplatz über Anatomiegarten, Universitätsplatz und Marktplatz, bis tief in die Altstadt zum Kornmarkt.

Selbst das Heidelberger Schloss muss in diesem Weihnachtstrubel noch im Mittelpunkt stehen und so findet seit neuestem hinter seinen Gemäuern die **Schlossweihnacht** statt. Lass Dich also besser nicht auf einen Glühweinmarathon ein, das schaffst Du vermutlich nicht bis zum Ende! Willst Du es aber doch wissen und nimmst diese Herausforderung an, dann frag am besten gleich beim ersten Besuch nach einer Glühwein-Stempelkarte und sahne nach zehn Tassen einen Glühwein kostenlos ab.

Ansonsten gibt's an den vielen Ständchen alles, was es auf Weihnachtsmärkten eben so gibt: Leckereien aus der Friteuse, verschiedenste Glühweinsorten, Süßkram aller Art, Handgemachtes und lustigen bis kitschigen Kleinkram. Sicher finden sich dort auch schöner Schmuck, Fellartikel oder Spielzeug als passendes Weihnachtsgeschenk, aber preislich ist das nicht immer ein Schnäppchen.

Kleinere Weihnachtsmärkte findest Du außerdem über ganz Heidelberg verteilt. Ein Geheimtipp ist der kleine **Weihnachtsmarkt in der Handschuhsheimer Tiefburg** (Dossenheimer Landstr. 6). Die Tiefburg öffnet nur selten ihre Tore für Besucher, daher sollte man sich diese Gelegenheit Anfang Dezember nicht entgehen lassen.

In Eppelheim lässt sich am zweiten Adventswochenende rund um die Rudolf-Wild-Halle das **Eppelheimer Weihnachtsdorf** nieder. Schönes Ambiente erwartet Dich auch bei einem Besuch des **Adventsmarkts im Stift Neuburg**.

Schnee kalt Eiskratzen Sauna brrr

Ein weihnachtliches Erlebnis der besonderen Art ist der **altdeutsche Weihnachtsmarkt** in Bad Wimpfen (zwischen Heidelberg und Heilbronn), der zu den schönsten Märkten der Republik zählt. Weihnachtsmuffel werden hier auf die Probe gestellt: Inmitten des romantischen Stadtbilds mit Fachwerkhäusern und Türmchen - mittelalterliches Flair inklusive - wird jeder irgendwann von der Besinnlichkeit gepackt. Hin und zurück kommst Du prima mit dem Zug. Der Markt findet aber nur an drei Advents-Wochenenden statt.
www.weihnachtsmarkt-badwimpfen.de

Auch in **Wieblingen**, **Kirchheim** und der **Weststadt** machen sich an ausgewählten Wochenenden im Dezember weihnachtliche Buden breit.

Besonderer Blickfang in der Vorweihnachtszeit ist die **Straßenbeleuchtung im Stadtteil Neuenheim**. Was auf den ersten Blick – naja auf den zweiten Blick eigentlich auch – aussieht wie riesige Unterhosen mit Eingriff, sollen wohl Weihnachts-Lichterketten sein. Ob Dich das in Weihnachtsstimmung versetzt, sei mal dahingestellt, aber lustig sind die „Neuenheimer Unterhosen“ allemal.

Mittlerweile bekommst Du Weihnachtsmänner und Lebkuchen zwar schon ab September in den Supermärkten, aber die Weihnachtszeit wird trotzdem immer noch mit besonderen Leckereien in Verbindung gebracht. Selbstgebackene Weihnachtsplätzchen sind ohne Frage das Allerbeste, aber dafür muss man sich ja auch Zeit nehmen.

Warum sich also nicht die Keksdose bei einer der vielen Konditoreien in Heidelberg füllen lassen? Das kostet zwar nicht wenig, ist die Investition aber eindeutig wert!

Beliebt ist vor allem die **Bäckerei und Konditorei Gundel** (Hauptstr. 212) tief in der Altstadt, bei der man sich am liebsten die Nase an dem mit süßen Herrlichkeiten gefüllten Schaufenster plattdrücken möchte. Neben den etwa 25 Sorten Weihnachtsplätzchen, die Du dort bereits ab Ende Oktober bekommst, solltest Du Dir hier unbedingt mal eine der Heidelberger Spezialitäten gönnen: die „Original Heidelberger Barockspringerle", ein weihnachtliches Anisgebäck in ganz besonders schönen Formen.

Fehlt Dir noch ein Weihnachtsgeschenk?

Für Deine Freunde in Freiburg, Mainz oder Leipzig hätten wir da eine Idee ...

Im Buchhandel oder über www.rap-verlag.de

Musik Musik

Mus

abhorsten

DJan

abhorsten

abhorsten

Feiern
Feiern
Feiern
Musik
Club
Musik
Club
DJane
Musik
Club
Flirt-Faktor
Flirt-Faktor
Musik
Musik abhorsten
Musik
Flirt-Faktor
Club
Musik

Musik DJane Club Flirt-Faktor abhorsten

Wie Heidelberg selbst, so hat auch die Feierei hier eine lange Tradition. Und in der Altstadt – seit jeher der Party-Stadtteil schlechthin – feiert es sich immer noch am besten. Ob urige Studentenkneipe, coole Bar oder Edeldisco – hier ist für jede Gemütslage das Passende dabei.

Die Untere Straße im Altstadtkern ist neben der Hauptstraße die wohl wichtigste Ausgehmeile. Hier reiht sich Kneipe an Kneipe. Aber Vorsicht: An Samstagen verwandelt sie sich in einen Tummelplatz für Junggesellenabschiede aus dem nahen Umland, die Dir Kondome, Spirituosen und allerlei unnützen Kram zu überteuerten Preisen andrehen oder Dich in peinliche Mitmachspiele involvieren möchten.

Dieser Ballermann-Atmosphäre entgehst Du unter der Woche: Dienstag und Donnerstag sind gute Tage, hier besteht die Klientel vor allem aus alteingesessenen Altstädtern und Studenten.

Kneipen/Bars

Sonderbar – auch: Betreutes Trinken (Untere Str. 13): Jedem Absinth-Fan sei Heidelbergs berüchtigste Spelunke mit ihrer erstaunlich umfangreichen Auswahl des Kultgetränks ans Herz gelegt. Aber außer der Absinth-Karte hat die Sonderbar noch einiges mehr zu bieten: Titanic-Cover und St. Pauli-Fanartikel an der Wand, einen Gummigockel an der Decke und einen kauzigen Hamburger Barmann, der Dich um 3.00 Uhr morgens mit den Worten „Feierabend! Raus Ihr Ratten!" höflich verabschiedet.

Noch mehr Absinth gibt´s tagsüber in der **Galerie Grüner Engel** (Untere Str. 14) schräg gegenüber.

Der Mohr (Untere Str. 5-7): Wer zum Exzess neigt und wem Sauerstoff- und Platzmangel nichts anhaben können, der ist im Mohr richtig aufgehoben. Hier wird zu bewährter Partymucke noch auf den Tischen getanzt – wo auch sonst.

Tipp: Montag ist Quizabend, Dienstag Kranztag (Kranz Kölsch nur 13,90 Euro) und Donnerstag Ladies Night mit Gratissekt.

Destille (Untere Str. 16): In der Destille kannst Du Dir nicht nur meterweise (so wird's günstiger!) Longdrinks und Shots einverleiben, sondern auch Kunst aus Wechselausstellungen erstehen und Dich mit den internationalen Gästen anfreunden.

Tipp: Einmal den "warmen Erpel" probieren ist Pflicht. Wer es nicht so hart mag, kann auf den "Gehängten" oder den Melonenschnaps zurückgreifen.

Weinloch (Untere Str. 19): Wenn Du von betrunkenen Odenwäldlern und Jurastudenten genug hast, schau im Weinloch vorbei: Bei sensationell billiger Weinschorle (man trinkt „T-L" (Trollinger-Lemberger) und Eibrot kannst Du diskutierfreudigen Alt-68ern im Neonlicht begegnen.

Eckstein (Am Fischmarkt 3): Die altbewährte Zauber- und Musikkneipe gegenüber der Heiliggeistkirche. Freitags und samstags lohnt sich der Besuch besonders, denn da legt DJ Itze auf.

Tipp: Unbedingt so lange verharren bis Itze blankzieht und seinen Tangaslip präsentiert, sonst bist Du eigentlich nicht wirklich dagewesen.

CAVE 54 (Krämergasse 2): Wenn um 3.00 Uhr morgens alles dicht macht, ziehen die Feierwütigen weiter in die altehrwürdigen Gemäuer des CAVE (gesprochen: Kaaf). In Deutschlands ältestem Studenten-Jazzclub waren schon Louis Armstrong, Carlos Santana und Frank Zappa zu Gast und das Stammpublikum von damals sitzt immer noch dort. Dienstags gibt's Live-Musik und jeden Sonntag die "Jazz Jam Session".

P11 – Café am Römerkreis (Bahnhofstr. 63): Retrotapete an der Wand, Kronleuchter an der Decke und große Schaufenster mit Blick auf den Römerkreis: Wer gern in Omas Wohnzimmer-Atmosphäre feiert und gleichzeitig einen Hauch von Prenzelberg genießt, ist im P 11 genau richtig.

Unbedingt probieren: Berliner Weiße mit Schuss, zum Kaffee die superleckeren selbstgebackenen Kuchen.

Musik DJane Club Flirt-Faktor abhorsten

Clubs und Konzerte

Halle 02 (Güteramtstr. 2): Totgeglaubte leben länger! Immer noch eine Topadresse für Konzerte, Events, Kunst und Kulturveranstaltungen jenseits des Mainstream. Besonders bei Studenten beliebt.

Tipp: Je nach Geschmack den Skafreitag, die 90er Party oder Neon (Electro) vormerken und die nächsten Livebands auf www.halle02.de auschecken!

Karlstorbahnhof (Am Karlstor 1): Das Kulturhaus im ehemaligen Bahnhof hat sich zu einem überregional geschätzten Veranstaltungsort für Konzerte, DJ-Events, Comedy, Theater, Kino und Vorträge entwickelt. Schon so mancher internationaler Topact hat hier Station gemacht. Einfach mal ins Programm gucken, auch absolute musikalische Geheimtipps sind dabei. Hippes Intellektuellenpublikum!

Nachtschicht (Bergheimer Str. 147): Angesagte Location mit viel Platz zum Tanzen. Jeden Donnerstag „Strictly Urban Sound", jeden Freitag „Schools Club" und jeden Samstag die „Saturdays Club Night". Die Musik: tanzbar, gute Laune, House, R'n'B und Black Music. Das Publikum: vor allem Schüler und Studenten.

Deep (Hauptstr. 1): Das Mekka für alle Techno,- House- und Minimal-Freunde. Edelschuppen mit Schickimicki-Ambiente. Lass also die Turnschuhe zu Hause und genieß das Feiern auf hohem Niveau!

Billy Blues im Ziegler (Bergheimer Str. 1B): Beliebter Tanztempel in Bismarckplatznähe. Wenn Du den Türsteher erfolgreich passiert hast, gönn Dir erst mal einen Cocktail (gute Auswahl). Mittwochs ist

Salsa Party angesagt (auch für Tanzanfänger!), donnerstags After Work und samstags Nite Club (freier Eintritt für Studenten bis 22.30 Uhr). Junges, tanzwütiges Publikum!

Schwimmbad Club (Tiergartenstr. 13): In dieser altbewährten Location im Neuenheimer Feld feierst Du auf vier Etagen mit zwei Discos (Rock/Metal/Gothic/Hip Hop), Konzertraum, Bar und Bistro. Namhafte Bands wie Nirvana, Green Day, die Fantastischen Vier und Soundgarden sind hier schon aufgetreten. Check das Programm auf www.schwimmbad-club.de und finde raus, welches Konzert Du dieses Jahr auf keinen Fall verpassen darfst!

Tipp: Für Cocktailschlürfer gibt's den extra großen Heidelbeach direkt nebenan.

Villa Nachttanz (Wieblinger Weg 100): Das renovierungsbedürftige zweistöckige Haus im Wieblinger Gewerbegebiet wurde 2001 vom Verein „Villa Nachttanz – aktiön 2001 e.V." gemietet und bietet seither Platz für Ausstellungen, Konzerte, Partys, Theater, Lesungen und Workshops. Einen Garten mit Feuerstelle gibt's auch. Und es ist auch die richtige Adresse, wenn Du kreativ bist und eigene kulturelle Projekte voranbringen möchtest. Publikum: politisch engagiert, linksalternativ, existenzialistisch, leicht verratzt und sympathisch. Termine werden im Forum auf www.villanachttanz.de bekannt gegeben.

Bis Ende Juli 2012 will die Villa ihr neues Domizil Im Klingenbühl 5-8 beziehen.

Tipp: Legendär ist das jeden Sommer stattfindende "Festivilla". Auf keinen Fall verpassen!

Musik DJane Club Flirt-Faktor abhorsten

Fachschaftspartys

Einmal im Semester organisieren die Fachschaften einiger universitärer Institute Partys für Studenten aller Fakultäten. Am beliebtesten sind der Medizinerfasching, die Sportler-, Histo- (Geschichte), PH- (Pädagogische Hochschule) und Math-Phys-Rom-Partys (Mathematik, Physik, Romanistik) sowie die Atlas- (Geographie) und SÜD-Feten (Übersetzen und Dolmetschen).

Ein Blick über den Tellerrand Deines Faches lohnt sich auf jeden Fall. Also geh nicht nur zur eigenen Institutsparty, sondern misch Dich unters Univolk! Termine erfährst Du durch Flugblätter, die vor den Heidelberger Mensen verteilt werden und auf den Fachschafts-Homepages.

siehe „Hunger", S. 66

WG-Partys

Eine besonders bei Studenten und Berufseinsteigern beliebte Wohnform ist die gute alte WG. Und jede WG, die etwas auf sich hält, schmeißt ab und zu mal ein rauschendes Fest. Für reichlich Essen und Trinken muss dabei natürlich gesorgt sein.

Keine Zeit zum nächsten Supermarkt zu gehen und trotzdem die Bude voll? Der Lieferservice **emma 24** bringt alles Notwendige vorbei. Das Sortiment reicht von internationalen Gerichten aus fünf Heidelberger Restaurants (Italienisch, Thai, Griechisch, Falafel und Sushi) über Partyzubehör und Supermarktware bis zur gut sortierten Getränkeauswahl. Alles, was kein Hauptgericht ist, gibt es Fr. und Sa. sogar bis 2.00 Uhr nachts. Der Spontanparty bei Dir zu Hause steht somit also nichts mehr im Wege. www.emma24.de

Für den nächtlichen Heißhunger

Vater Rhein (Untere Neckarstr. 20): Diese alteingesessene Heidelberger Lokalität besticht durch gutes Essen bis in die Morgenstunden freundliche Bedienungen und eine gemütlich-urige Atmosphäre. Besonders die sensationell günstigen Spaghetti Bolognese (für nur 1,90 €, wenn Du ein Getränk dazu bestellst) und der Shooter "Krabbeldiewandnuff" sind zu empfehlen.

Sahara Restaurant (Hauptstr. 167): Am Wochenende werden hier bis 3.00 Uhr nachts libanesische Köstlichkeiten serviert. Sehr gute Falafel und Shawarma! Auch tagsüber lohnt sich ein Besuch.

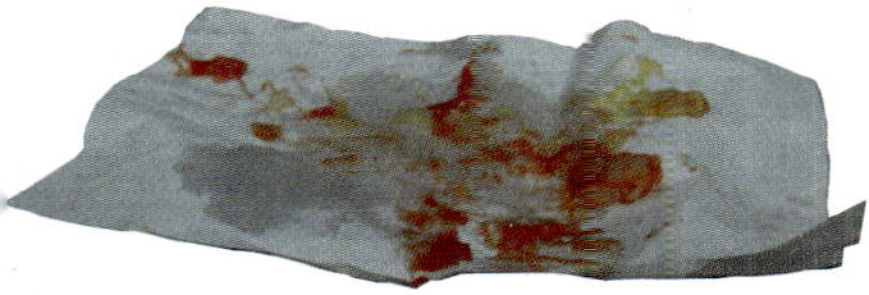

Yufka's Kebap (Hauptstr. 182): Besonders bei Studenten und Touristen sehr beliebter Dönerladen in der Altstadt. Auch hier wird an Freitagen und Samstagen hungriges Partyvolk bis 3 Uhr nachts verköstigt.

Kebabzentrum (Rohrbacher Str. 3): Kleiner, aber feiner Dönerladen am Bismarckplatz. Sehr gute Sauce!

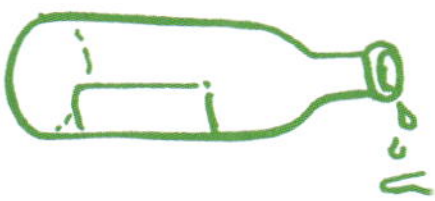

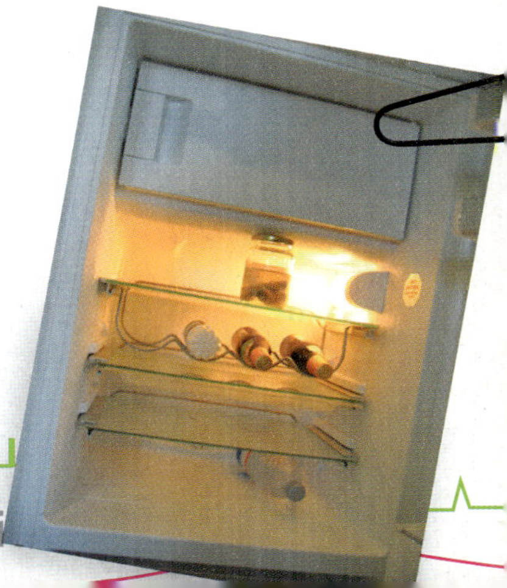

Der Weg zur Party und wieder nach Hause

Heidelberg ist flächenmäßig nicht sehr groß, so dass Du die meisten Locations bequem mit dem Rad oder sogar zu Fuß erreichen kannst. Falls der Weg zur Party oder ins Bett dann aber doch mal etwas weiter sein sollte, kannst Du auf folgende Verkehrsmittel zurückgreifen:

Nachtbusse

Die sogenannten **Moonliner** des VRN sind eine empfehlenswerte Alternative zum nächtlichen Fußmarsch, zur Auto- oder Fahrradfahrt. Nicht selten sitzen die nette Tanzflächenbekanntschaft von grad eben oder die leicht angetrunkenen Kommilitonen von der letzten Studiparty direkt neben Dir. Die Busse fahren von Freitagnacht auf Samstag, von Samstagnacht auf Sonntag und vor allen Feiertagen.

Das sind die Routen:

moonliner 1: Bismarckplatz – Rohrbach – Emmertsgrund – Rohrbach – Bismarckplatz

moonliner 2: Universitätsplatz – Bismarckplatz – Wieblingen – Universitätsplatz

moonliner 3: Handschuhsheim – Bismarckplatz – Ringstraße – Kirchheim und zurück

moonliner 4: Bismarckplatz – Schlierbach – Ziegelhausen – Schlierbach – Bismarckplatz

moonliner 5: Schwimmbad – HD Hauptbahnhof – Bismarckplatz – S-Bahnhof Altstadt – Bismarckplatz – HD Hauptbahnhof – Schwimmbad

Die Moonliner fahren ab Bismarckplatz jeweils zur vollen Stunde (1.00 Uhr bis 4.00 Uhr morgens) in alle Stadtteile Heidelbergs. Seit 2009 verkehren die Moonliner 1-4 auch unter der Woche, wenn auch nicht so lange. Informier Dich unter: www.rnv-online.de

Taxis – der komfortable Heimweg

An den zentralen Anlaufstellen wie Hauptbahnhof, Bismarckplatz und Uniplatz sind ständig freie Taxis verfügbar. Wenn Du von anderswo den Weg nach Hause oder zur nächsten Party suchst, erreichst Du unter der 06221 - 30 20 30 rund um die Uhr die Taxizentrale Heidelberg.

In Zusammenarbeit mit der Stadt Heidelberg wird das **FrauenNacht-Taxi** angeboten. Diesen Service können alle Frauen und Mädchen ab 14 Jahren nutzen, die von 22.00 bis 6.00 Uhr innerhalb der Stadtgrenzen unterwegs sind. Die Fahrscheine sind in den Bürgerämtern erhältlich.

Kirche
Kirche
Kirche
aus
geschlossen
aus
brunchen
Kühlschrank leer
brunchen

Sonntage

Sonntage

Sonntage

Der Sonntag ist einfach der schönste Tag in der Woche. Du kannst schlafen, solange Du willst, den Arbeitsalltag hinter Dir lassen, Dich einfach mal entspannen und das tun, worauf auch immer Du Lust hast. Nach einer anstrengenden Woche ist das genau das Richtige, um Deine Akkus wieder aufzufüllen und Energie für die nächste Runde zu tanken. Der ideale Start dafür ist ein gemütliches Frühstück. Aber Moment mal ... Du hattest gestern keine Zeit mehr zum Einkaufen, der Kühlschrank ist leer! Wo sollst Du denn jetzt auf die Schnelle was zum Essen herzaubern, wenn doch alle Läden geschlossen sind?

Notfalleinkauf

Keine Sorge, in Heidelberg musst Du auch sonntags nicht am Hungertuch nagen. Selbst wenn die Supermärkte verriegelt sind, findest Du ein paar Anlaufstellen, an denen Deine Reserven fürs Erste aufgefüllt werden können.

Ob frische Brötchen, Brotbelag, Klopapier oder Zahnpasta – wohnst Du in der Nähe vom **Hauptbahnhof**, verfügst Du dort über eine ergiebige Quelle für Deinen gähnend leeren Kühlschrank und andere Dringlichkeiten. Die Bäcker sowie der Drogeriemarkt „Ihr Platz" im Bahnhofsgebäude, der eine recht große Auswahl an Lebensmitteln und sogar eine Kühltheke hat, haben sonntags bis 21.00 Uhr geöffnet. Für den Alltagseinkauf wäre das auf Dauer wohl zu teuer, aber ausnahmsweise kann man das schon machen. Auch einen Buchladen findest Du dort, falls Du auf die Schnelle noch ein Geschenk brauchst oder einfach selbst ganz dringend und unbedingt heute ein bestimmtes Buch lesen möchtest.

In der Innenstadt sieht es mit dem Lebensmittelkauf dann schon schwieriger aus. Viele **Bäckereien**, vor allem in der Altstadt, haben aber geöffnet und auch in den anderen Stadtteilen findet sich meist eine Möglichkeit, an warme Frühstücksbrötchen oder Nachmittagskuchen zu kommen.

Das ist Dir alles zu weit weg? Falls kein Bäcker in Deiner Nähe auffindbar ist, gäb's da ja noch die **Tanke um die Ecke**. Die meisten haben Brötchen, abgepackten Käse aus dem Kühlregal und Nudeln oder Fertiggerichte im Sortiment.

Achtung! Nach 22.00 Uhr darf in Baden-Württemberg kein Alkohol mehr verkauft werden. Das gilt sowohl für Supermärkte als auch für Tankstellen und Kioske. Und leider auch für Lieferdienste ...

Du willst den Radius von zehn Metern um dein Sofa nicht verlassen und die perfekte Lösung wäre, wenn Dir einfach jemand das bringt, worauf Du Lust hast? Das klingt zu schön, um wahr zu sein – geht aber! Bei **emma 24** kannst Du Dir bereits fertiges Essen, wie zum Beispiel Pizza, Falafel oder Sushi liefern lassen oder (ein paar) Basics aus dem Supermarktsortiment auswählen. Innerhalb einer Stunde klingelt es dann an Deiner Haustür und voilà – einem entspannten Sonntag steht nichts mehr im Wege. www.emma24.de

Brunchen bis zum Nachmittag

Da ein entspannter Sonntagmorgen nur selten mit frühem Aufstehen kompatibel ist, eignet sich ein Brunch als perfekter Tageseinstieg mit Verwöhnfaktor. Ob an einem All-You-Can-Eat-Buffet oder à la carte – der Brunch ist der großspurige Bruder des Frühstücks und kann auch gerne mal bis zum Nachmittag dauern. Hier sind die besten Schlemmer-Adressen für einen zufriedenen Bauch. Aber Achtung: Damit Dir vom Warten auf einen freien Tisch der Appetit nicht vergeht, solltest Du am besten im Voraus reservieren.

Der **Schwarze Walfisch** (Bahnhofstr. 27) ist eine begehrte Brunch- und Frühstücksadresse (von 9.00 bis 16.00 Uhr) mit Sitzgelegenheiten im Freien. Du wirst von einer entspannten Atmosphäre, chilliger Lounge-Musik und nettem Service umsäuselt. Die Auswahl ist beachtlich, ganz billig ist es dort aber nicht und eilig solltest Du es auch nicht haben, da meistens viel Betrieb ist.

Möchtest Du selbst bestimmen, wann und wie viel Du isst, solltest Du unbedingt im **Café Extrablatt** (Hauptstr. 53) vorbeischauen. Da ist zwar auch viel los, aber meist wird auch schnell wieder ein Platz frei. Schnapp Dir einen Teller und ab geht's ans Buffet (8,95 €pro Person, 9.00 bis 14.00 Uhr). Von Antipasti bis zuckersüß ist alles da! Auch Saft kannst Du trinken so viel Du möchtest.

Den American Way of Frühstück beschreitet niemand besser als **Mandy's Railway Diner** (Speyerer Str. 1). Pfannkuchen, Bagels, Bratkartoffeln, Eierspeisen ... in dem umgebauten Eisenbahnwagen mit poppigem 50er-Jahre Ambiente hätte sich auch Elvis wohlgefühlt. Jetzt muss er aber von einem Foto an der Wand zusehen, wie Du zufrieden Deinen Pfannkuchen mampfst.

Beliebt und stets gut besucht ist auch das **Café Rossi** (Rohrbacher Str. 4) beim Bismarckplatz mit Sonntagsbrunch ab 10.00 Uhr morgens.

Schönes Ambiente und ein großes Buffet mit kalten und warmen Speisen erwarten Dich zwischen 10.00 und 15.00 Uhr für 7,90 Euro pro Nase auch im **Havana** (Neckarstaden 24).

Zwar kein Buffet, aber eine gute Auswahl an internationalen Frühstücks-Kombis (französisches, britisches oder amerikanisches Frühstück) gibt's bis 16 Uhr im **Hemingway's** (Fahrtgasse 1). Dort ist alles ein wenig überschaubarer, Du hast den Neckar aber direkt vor der Nase und die Heizstrahler auf der Terrasse geben Dir die ökologisch fragwürdige Chance, auch bei Tiefsttemperaturen draußen zu sitzen.

Rustikale Frühstücks-Brunch-Platten (Antipasti- oder Grillteller) werden Dir im **Merlin** (Bergheimer Str. 85) serviert.

Kirchgang

Es gibt aber auch Menschen, die bereits putzmunter sind, wenn die Kirchenglocken bimmeln. Und der Gottesdienst gehört für manche einfach zum Sonntag dazu. Vielleicht machst Du Dich ja auch auf den Weg zur Kirche?

Eine Übersicht über katholische Kirchen und Gottesdienste findest Du unter www.kath-hd.de, die evangelischen Pendants unter www.ekihd.de. Aber selbstverständlich gibt es auch jüdische, muslimische, buddhistische und viele andere Glaubensgemeinschaften. Da nicht jede mit Glokkengeläut auf sich aufmerksam macht, musst Du da vielleicht etwas länger suchen.

Die schönsten Kirchen Heidelbergs laden aber vielleicht auch ganz unabhängig von Deiner Überzeugung einmal zu einem Besuch ein. Besonders eindrucksvoll ist sicher die **Heiliggeistkirche** – das bedeutendste Gotteshaus in Heidelberg. Aber auch die betagte **Peterskirche** oder die **Jesuitenkirche** als Zentrum des gleichnamigen Viertels warten auf leisetretende Besucher. Die älteste Kirche steht aber mit **St. Vitus** in Handschuhsheim; hier wird schon seit dem 8. Jahrhundert andächtig gebetet.

Sonntagsspaziergang

An der frischen Luft entspannen und einfach mal die Seele baumeln lassen, das ist doch ein schöner und gesunder Zeitvertreib für Deinen Sonntagnachmittag! Ob bei einem Schaufensterbummel durch die Altstadt mit gemütlicher Käffchenpause oder ohne Ziel im Grünen – ein Spaziergang fegt so manche Sorgen weg und weckt die Lebensgeister, zumindest wenn es nicht gerade in Strömen regnet.

Es muss ja nicht immer gleich eine Wanderung sein. Der **Philosophenweg** ist auch für eine kurze Runde geeignet und bietet Dir für kleine

Päuschen genug Sitzgelegenheiten, um den schönen Ausblick zu genießen. Von dort aus kannst Du entweder geradeaus oder weiter bergauf noch einen Abstecher in den Wald einlegen, oder über den Schlangenweg runter zur Alten Brücke spazieren.

Unterhalb der Alten Brücke führt am **Nordufer des Neckars** ein schmaler Pfad direkt am Wasser entlang bis vor zur Neckarwiese. Wenn Du besonders die Nähe zum Wasser genießt, kannst Du auch von der Neckarwiese Richtung Neuenheimer Feld immer weiter am Wasser flussabwärts spazieren, vorbei am Heidelberger Zoo und wieder zurück.

Auch auf dem Königstuhl lässt sich's prima spazieren, um hoch über der Stadt mal durchzuatmen und abzuschalten. Wenn Du Dir das rauf- und runtersteigen sparen willst, nimmst Du einfach die Bergbahn.
www.bergbahn-heidelberg.de

Längere Tour geplant? siehe Wandern in "Sommer", S. 98

Ausflüge um die Ecke

Bevor Du es Dir am Abend vor dem Fernseher beim Tatort schauen gemütlich machst, willst Du erst noch mal ausgiebig an die frische Luft, raus aus der Stadt und dabei am besten noch ein kleines Kulturprogramm einbauen? In der Region um Heidelberg findest Du eine breite Palette an Ausflugszielen, bei denen es auch was zum Gucken gibt. Hier einige Tipps für Dich herausgepickt:

Kultur

Burgen oder Burgruinen bieten oft einen schönen Anblick und Ausblick – außerdem ist das nächste Gasthaus meist auch nicht weit. In nächster Nähe kommt beispielsweise die **Schauenburg** in Dossenheim in Frage. Dort kannst Du auch Deine professionelle Picknick-Ausrüstung oder zumindest Dein Vesperbrot ausbreiten.

In der **Schriesheimer Strahlenburg** wirst Du in einem Restaurant mit Terrasse und schönem Ausblick verköstigt.

Und fernab jeglichen Verkehrslärms kannst Du Dich auf den Spuren von Mark Twains Europareise auf der **Bergfeste Dilsberg** bei Neckargemünd von dem malerischen Dörfchen hinter den Burgmauern verzaubern lassen.

Die Wiege der deutschen Demokratie kannst Du in Neustadt an der Weinstraße besuchen. Dort steht das **Hambacher Schloss**, das Ende des 19. Jahrhunderts Schauplatz für die Forderung nach Demokratie und der deutschen Einheit war. Lass Dir auch die niedliche Altstadt des Örtchens nicht entgehen! Bei einem Gläschen heimischem Wein klingt die Woche dort so richtig angenehm aus.

Eine Übersicht über die Burgen der Region findest Du auf www.burgenstrasse.de

Du kennst die Heidelberger Altstadt mittlerweile auswendig? Dann schau Dir doch mal die schönen Gässchen der Nachbarorte an. Empfehlenswert ist ein Ausflug in das nur neun Kilometer entfernte **Neckargemünd** der kleinen Schwester Heidelbergs. Die stilistischen Ähnlichkeiten zur Heidelberger

Doch lieber Fernsehen?

Der **Tatort** gehört für viele fest zum Sonntagabendprogramm. Aber alleine gucken muss nicht sein: Im **Marstallcafé** (Marstallhof 3) in der Altstadt kannst Du gemeinsam mit anderen in großer Runde den Mörder auf der Leinwand jagen.

Altstadt mit den Kirchen, dem Marktplatz und dem alten Rathaus sind unübersehbar. Was Heidelberg jedoch nicht hat: Hier in Neckargemünd fließen gleich zwei Flüsse – der Neckar und die Elsenz. Das bedeutet zugleich, dass Du statt einer langweiligen Landanreise einfach mit dem Schiff von Heidelberg nach Neckargemünd schippern kannst, vier Schleusengänge und eine tolle Aussicht aufs Neckarufer inklusive.

Weitere Ausflugsziele, die Du per Schiff erreichen kannst, sind zum Beispiel das mittelalterliche **Hirschhorn**, wo man nach Inspektion der verwinkelten Gassen unbedingt den Ausblick über das Neckartal vom Turm der Burg Hirschhorn genießen sollte. Und weil es hier so schön ist, fließt sogar der Neckar in einer dekorativen Schleife vorbei, was aus der Vogelperspektive ein besonders schönes Bild abgibt.

Auch ein Halt in **Neckarsteinach** lohnt sich, einem alten Fischer- und Schifferstädtchen mit einladender Neckarpromenade samt Schiffsflotte und einer Burg mit dem schönen Namen „Schwalbennest".

Den Fahrplan für das Angebot der Neckarfahrten findest Du unter www.rnf-schifffahrt.de.

Freizeitparks

Um Dir einen ordentlichen Drehwurm und Bauchkribbeln einzufangen, kannst Du Dich auf zum **Holiday Park** nach Haßloch machen (etwa 45 Kilometer südwestlich von Heidelberg). Zwischen April und Oktober eröffnet sich Dir dort ein Abenteuerparadies mit Riesenachterbahn, Free-Fall-Tower, Wildwasserfluss und vielem mehr.

Die Deutsche Bahn bietet ein Holiday Park-Kombiticket an, das den Eintrittspreis sowie die Fahrtkosten mit dem Zug bereits beinhaltet.
www.holidaypark.de

Etwas überschaubarer ist der **Kurpfalz-Park** in Wachenheim mitten in der Berglandschaft des Pfälzer Waldes. Hier kann man den sonst so scheuen Waldbewohnern einmal ganz nahe sein und in Begleitung von Stein-, Sika-, Schwarz- und Rotwild durch einen liebevoll gestalteten Park spazieren, einer Greifvogel-Flugvorführung zuschauen und nebenbei auch noch auf einer Rollerbobbahn, im Rutschenparadies oder einem Irrgarten ein kleines Abenteuer erleben. Wer sagt, dass man für sowas jemals zu alt ist? www.kurpfalzpark.de

Zoos

Du willst den Elefanten beim Baden zuschauen und mit den Löwen „wer blinzelt zuerst" spielen? Raubtiere, Vögel, Affen und andere Tiere freuen sich im **Heidelberger Zoo** (Tiergartenstr. 3) auf Deinen Besuch. www.zoo-heidelberg.de

Um Dich auf eine bevorstehende Safari vorzubereiten, umweht Dich ein Hauch von Afrika auch im **Landauer Zoo** (ca. 70 km südwestlich von Heidelberg). Dort gibt es eine schöne Afrikaanlage mit Dromedaren, Zebras, Affen sowie einer Raubtierfraktion mit Jaguar und Panter und vielen mehr. www.zoo-landau.de

Bei schlechtem Wetter

Leider scheint ja nun sonntags nicht immer die Sonne – aber warum sollte man sich davon die Laune verderben lassen? Auch bei ungemütlichem Regenwetter gibt's genug Möglichkeiten, mal was Neues zu sehen und aus der Stadt rauszukommen.

Wobei es im **Auto & Technik Museum** in Sinsheim (etwa 35 km südöstlich von Heidelberg) neben Neuem auch viel Altes zu sehen gibt. Dort stehen bunte Cadillacs aus Omas Zeiten, elegante Sportwagen aus

vergangenen Jahrzehnten, die Elite der Formel-1-Wagen, eine umfangreiche, teils sogar begehbare Flugzeugsammlung und als Sahnehäubchen beherbergt das Museum auch ein IMAX 3D-Kino, mit dessen Besuch man dem Regenwetter endgültig die kalte Schulter zeigt.
www.sinsheim.technik-museum.de

Kaffee und Kuchen

Ein Sonntagnachmittag ohne Kaffee und Kuchen ist für Dich kein richtiger Sonntagnachmittag? Da werden sich aber die Heidelberger Cafés und Konditoreien freuen ... auch wenn es so viele sind, dass es Monate dauert, bis Du überall mal ein Stückchen Kuchen probiert hast. Für den Anfang eignen sich besonders folgende Adressen:

Die **Bäckerei und Konditorei Gundel** (Hauptstr. 212, geöffnet von 9.00 bis 18.00 Uhr) zählt zu einer der ältesten Bäckereien in Heidelberg und hat sich über mehrere Generationen hinweg einen Namen gemacht. Hier bekommst Du als Besonderheit neben einer großen Auswahl an Kuchen und Torten die „Original Heidelberger Schlosskugeln" und die „Heidelberger Pflastersteine" und kannst diese süßen Backspezialitäten mit Blick auf das Schloss und in moderner Kaffeehausatmosphäre genießen.

Als „ältestes Café Heidelbergs" bezeichnet sich das **Café Knösel** (Haspelgasse 20, geöffnet 12.00 bis 22.00 Uhr). Das Café ist nicht nur durch die Erfindung des berühmten „Heidelberger Studentenkusses" bekannt, sondern auch für seine leckeren Kuchen.

Ein Geheimtipp ohne Massenabfertigung ist das **Schiller's** (Heiliggeiststr. 5, geöffnet 10.00 bis 22.00 Uhr), das außerdem ein unschlagbares Preis-Leistungsverhältnis und viele verschiedene Sorten an Trinkschokolade in heimeligem Wohnzimmerambiente anbietet. Draußen hat es dort zwar nur wenige Sitzplätze, aber vor allem im Winter ist man in der warmen Stube sehr gut aufgehoben.

Eine Auswahl an leckeren Kuchen erwartet Dich auch im **Café Weinhaus Burkhardt** (Untere Str. 27, geöffnet 11.00 bis 0.30 Uhr).

Packt Dich der Kaffeedurst erst am Abend, kannst Du noch im **Casa del Caffee** (Steingasse 8, geöffnet 8.00 bis 1.00 Uhr) im Herzen der Altstadt bis spät in die Nacht einen Kaffee genießen.

Es muss aber nicht immer die Altstadt sein, vor allem, wenn man den Nachmittag ohne Touristentrubel verbringen möchte. Im **Café Tiefburg** (Steubenstr. 78, geöffnet 10.00 bis 18.00 Uhr) in Handschuhsheim ist die Atmosphäre ebenso schön, die Kuchentheke ist üppig und täglich frisch.

In Neuenheim sind das **Café Frisch** (Jahnstr. 34, geöffnet 9.00 bis 18.00 Uhr) oder das wenige Schritte vom Neckar entfernte **Café Blank** (Schulzengasse 6, geöffnet 8.00 bis 18.00 Uhr) zu empfehlen.

Eltern
Touris
Sightseeing
Touris
Touris
Sights
aufräumen
aufräumen
aufräumen
aufräumen
Sig

Besuch
Besuch
Besuch?
Tourikram
Tourikram …
Besuch
Tourikram …
Sightseeing
endlich
Eltern
Sightseeing
tseeing

Ein grundsätzliches Problem ist: Heidelberg-Besucher erwarten ziemlich viel. Schließlich eilt Deutschlands ältester Universitätsstadt ein Ruf voraus: Durch die Erwähnung in unzähligen Romanen, Gedichten, Spielfilmen und Reportagen hat fast jeder eine ungefähre Idee von Deiner neuen Wahlheimat. Die lieben Freunde und Verwandten stehen vor der Tür, wollen alles sehen und Du hast noch keine Ahnung, wie Du Deiner Rolle als Fremdenführer gerecht werden sollst? Jetzt bloß keine Panik!

Es gibt unendlich viele Wege und Möglichkeiten, Heidelberg kennenzulernen. Ihr könnt Euch z. B. unauffällig einer japanischen Reisegruppe anschließen und auf diese Weise die Standorte für die besten Schnappschüsse herausfinden. Oder Ihr folgt einer französischen Schulklasse in den Schlossgarten und lauscht den Ausführungen zum Pfälzischen Erbfolgekrieg.

Ein großer Vorteil Heidelbergs ist: Auf der Suche nach den wichtigsten Sehenswürdigkeiten müsst Ihr nicht die ganze Stadt „abgrasen". Schlendert einfach nur durch die malerische Altstadt und wie in einem Museum präsentiert sich Euch ein Touri-Höhepunkt nach dem anderen.

Wenn Du nun aber mit Deinen Eltern, Freunden, Verwandten oder Bekannten Deine persönliche Heidelberg-Tour starten willst, geben wir Dir hier eine paar Ratschläge mit, welche Stationen Du auf keinen Fall auslassen solltest. Damit Ihr am Abend nicht völlig ausgelaugt seid, haben wir ein 2-Tage-Programm zusammengestellt. Wenn Du es lieber geballt magst, ist kombinieren aber natürlich auch erlaubt.

Wenn Ihr Euch im Voraus einen guten Überblick über die verschiedenen Tickets und Vergünstigungen auf Eurer Touri-Tour verschaffen möchtet, besucht die **Touristeninformationen** am Hauptbahnhof (Willy-Brandt-Platz 1), Rathaus (Marktplatz) oder Neckarmünzplatz.

Natürlich kannst Du auch Profis ans Werk lassen! Auf der Internetseite der **Heidelberg Marketing GmbH** erfährst Du alles über die verschiedenen Stadtführungen, Gruppenreisen, die wichtigsten Sehenswürdigkeiten und Verkehrsmittel. Auch über ungewöhnliche Angebote – wie die Segway Stadtsafari oder die Ballonfahrt über das Neckartal – wirst Du hier bestens informiert. www.heidelberg-marketing.de

Als guter Fremdenführer bist Du auch für das leibliche Wohl Deiner Gruppe verantwortlich! Also leg zwischendurch kleine Pausen ein und schlag vor, etwas essen oder einen Kaffee trinken zu gehen.

s. "Durst", S. 72, Hunger", S. 61

Tag 1

Startet Eure Tour am östlichen Ende der Altstadt, genauer gesagt am **Karlstor**. Dieses Bauwerk des Architekten Nicolas de Pigage aus dem Jahr 1781 hat die Form eines römischen Triumphbogens und war ein Geschenk der Heidelberger Bürger an den Kurfürsten Karl Theodor. Dementsprechend könnt Ihr auf der einen Seite das kurfürstliche Wappen, auf der anderen ein Porträt Karl Theodors und seiner Frau bewundern.

Die Hauptstraße entlang lauft Ihr Richtung Westen zum Karlsplatz. Von hier aus habt Ihr einen grandiosen Blick aufs Schloss und außerdem das **Palais Boisserée** im Rücken, in dem Goethe häufig zu Gast war. Heute beherbergt es passenderweise das Germanistische Seminar.

Ein Stück weiter die Hauptstraße entlang geht's auf den nächsten Platz, den **Kornmarkt**. Die wunderschöne, auf einem Brunnen thronende Madonnenstatue in der Mitte ist allerdings eine Kopie. Das Original des Bildhauers Peter van den Branden aus dem Jahre 1718 ist im Kurpfälzischen Museum ausgestellt.

Schräg gegenüber dem Kornmarkt (wieder die Hauptstraße ein Stück runter) findet Ihr direkt den großzügigen **Marktplatz**. Rechter Hand steht das **Rathaus** und mittig der **Herkulesbrunnen**, überragt wird der Platz im Westen von der stattlichen **Heiliggeistkirche**. Bei schönem Wetter trifft sich hier halb Heidelberg in den zahlreichen Cafés und Restaurants auf einen Plausch. Mittwochs und samstags wird der Platz seinem Namen gerecht und Ihr könnt auf dem Wochenmarkt Obst, Gemüse, Blumen und so einiges mehr erstehen.

Noch ein paar Schritte die Fußgängerzone entlang und schon kannst Du als Stadtführer mit einem Superlativ auftrumpfen: **Das Haus zum Ritter** (linker Hand, Hauptstr. 178) aus dem Jahre 1592 ist das älteste noch erhaltene Haus Heidelbergs. Im Dreißigjährigen Krieg und noch einmal 1693 wurde Heidelberg von den Franzosen fast komplett niedergebrannt. Da das Haus zum Ritter als einziges aus Stein gebaut war, überlebte es die Feuersbrunst. Lasst Eure Blicke über die wunderschöne Renaissance-Fassade streifen und ertappt Euch bei dem Versuch, die lateinischen Inschriften zu enträtseln.

Persta invicta, Venus

Weiter geht's direkt hinter Euch. Vorher schon gesehen, jetzt noch mal richtig gewürdigt: die größte und wichtigste Kirche Heidelbergs, die **Heiliggeistkirche**. Für die Zeit von 1706 bis 1936 hatte man hier mitten in der Kirche eine Mauer gebaut: Das Langhaus des gotischen Gebäudes war protestantisch, der Chor wurde von den Katholiken genutzt. Heute gehört die ganze Kirche zur Evangelischen Landeskirche Baden. Etwas Besonderes an der Heiliggeistkirche sind die kleinen Läden, die zwischen den Pfeilern der Fassade angesiedelt sind. Hier könnt Ihr nach Büchern stöbern oder Mitbringsel besorgen.

Die **Turmbesteigung** lohnt sich: Von dort oben habt Ihr einen unvergleichlichen Blick auf Altstadt, Neckartal und Rheinebene, dazu die Schlossruine fast auf Augenhöhe.

Eine kuriose Besonderheit: das **Brezelmaß** an der Außenwand der Kirche. Ins Mauerwerk eingemeißelte Brezeln dienten dazu, ihre Größe festzulegen. So konnte der Kunde sichergehen, dass er vom Bäcker nicht übers Ohr gehauen wurde.

Einmal um die Kirche herum und weiter geht's die Steingasse entlang und durch das Brückentor auf die **Karl-Theodor-Brücke (Alte Brücke)**, von der Ihr ebenfalls einer wundervollen Schlossblick genießt. Sie wurde 1788 unter Kurfürst Karl Theodor errichtet und 1945 von deutschen Truppen gesprengt, um die heranrückenden Amerikaner am Weitermarsch zu hindern. Ab 1946 wurde sie wieder aufgebaut und 1947 feierlich eingeweiht. Die Brücke ist heute ein Höhepunkt für jeden Heidelberg-Besucher, also wundere Dich nicht über den ein oder anderen Japaner, der Dir kommentarlos seine Nikon in die Hand drückt und sein Kameralächeln anknipst.

Tipp: Vergesst nicht, einen kurzen Stopp beim Brückenaffen einzulegen und an seinem besten Stück zu reiben! Bringt angeblich Glück (und Fruchtbarkeit).

Wenn Ihr gegen ein kleines Sportprogramm nichts einzuwenden habt, nehmt jetzt den ziemlich steilen, überwucherten **Schlangenweg** in Angriff. Er beginnt direkt gegenüber dem nördlichen Brückenkopf der Alten Brücke und führt Euch in einigen Windungen den Heiligenberg hinauf bis zum Philosophenweg. Auf dem Weg nach oben gibt es herrliche Aussichtspunkte mit lauschigen Sitzecken, auf denen es sich wunderbar pausieren lässt und die wild-romantische Stimmung macht die Anstrengung sowieso schnell vergessen.

Oben angekommen wartet der **Philosophenweg** auf Euch, den Ihr nach links bergab geht. Heute wird er von Heidelbergern gerne als Jogging- und Radfahrstrecke genutzt. Die Studenten in der Epoche der Romantik wählten den etwas versteckten Weg besonders für ungestörte Tête-à-têtes und zum Entspannen. Auch Dichter wie Eichendorff oder Hölderlin flanierten gerne durch die Gärten am Philosophenweg. Entlang des Weges entdeckt Ihr immer wieder Kunstwerke oder Denkmäler dieser Persönlichkeiten: die Eichendorff-Büste im Philosophengärtchen, den Hölderlin-Stein, der an die Heidelberg-Ode des Dichters erinnert, und den Kupferstich Matthäus Merians, der 1620 die Heidelberger Altstadt verewigte.

Wieder unten angekommen geht Ihr geradeaus weiter bis zur Brückenstraße, der Ihr links Richtung **Theodor-Heuss-Brücke** folgt. Die Brücke führt Euch zum **Bismarckplatz**, dem wichtigsten Knotenpunkt des öffentlichen Stadtverkehrs. Von hier aus biegt Ihr links wieder in die **Hauptstraße** ein. Die ist übrigens Heidelbergs wichtigste Einkaufsstraße und gilt darüber hinaus auch noch als die längste Fußgängerzone Europas. Plant für die Hauptstraße unbedingt genug Zeit ein! Bei den unzähligen Geschäften, Bäckereien und Cafés bleibt man immer irgendwo hängen.

Guter Zeitpunkt für die längst fäl-
lige Stärkung, die Ihr Euch nach die-
sem Gewaltmarsch redlich verdier
habt!

Auf dem Rückweg passiert Ihr nochmal die ersten Stationen Eurer Tour und kommt nach etwas mehr als 2 km wieder an Eurem Ausgangspunkt, dem Karlstor, an. Gratulation zum erfolgreich absolvierten Altstadt-Rundgang!

Tag 2

Nach der vielen Lauferei am ersten Tag könnt Ihr es heute etwas ruhiger angehen lassen. Euer Programm muss darunter aber nicht leiden, denn zum Glück sind die noch ausstehenden Stationen Eurer Tour nur einen Katzensprung voneinander entfernt.

Ihr beginnt mit dem Höhepunkt eines jeden Heidelberg-Besuchs: Die **Schlossruine** ist eine der berühmtesten der BRD und natürlich das Wahrzeichen Heidelbergs. Bis zu ihrer zweifachen Zerstörung im Pfälzischen Erbfolgekrieg (1689 und 1693) war die Anlage aus rotem Neckartäler Sandstein die Residenz der Pfälzer Kurfürsten. 1890 bis 1900 wurde der Friedrichsbau als einziger Teil wieder aufgebaut. Bedeutende Künstlerpersönlichkeiten wie Mark Twain, Victor Hugo und William Turner haben sich schon von diesem einzigartigen Bauwerk in seinen Bann ziehen lassen.

Für alle wichtigen Infos rund ums Schloss geht auf www.schloss-heidelberg.de, für die angebotenen Führungen auf www.schloss-heidelberg.com

Vor Eurer Schlossbesichtigung gibt es EINE Frage zu klären: Hochfahren oder hochlaufen? Wenn Ihr Euch fürs Laufen entschieden habt: Gute Wahl! Es gibt sehr reizvolle Fußwege, auf denen Ihr den Nordhang des Königstuhls aus den verschiedenen Richtungen kommend bis zum Schloss erklimmen könnt. Wenn Ihr Euch fürs Fahren entschieden habt:

Nehmt die frisch renovierte Bergbahn und schon nach einer Station seid Ihr am Ziel. Mit dem Kombiticket für schlappe 5 Euro kommt ihr außerdem in den Schlosshof, das Apothekenmuseum, den Fasskeller und auf die Besucherterrasse. Habt Ihr die Schlossanlange betreten, gibt es viel zu tun und zu entdecken.

Ein paar Highlights, die Ihr auf keinen Fall verpassen solltet: Im **Schlossgarten** (Hortus Palatinus) lustwandeln, durch das **Elisabethentor** schreiten, den **Blick vom Altan** (der heutigen Besucherterrasse) schweifen lassen, das **Große Fass** (mit 219.000 Litern Fassungsvermögen) besteigen, die Schautafel mit dem **Gemälde „Hortus Palatinus"** von Jacques Fouquières bestaunen, in den lauschigen Rundbögen der Scheffelterrassen picknicken, **„Vater Rhein"** (einer großen Brunnenskulptur aus Sandstein) einen Besuch abstatten.

Ein absolutes Muss für jeden Heidelberg-Besucher ist Deutschlands älteste und für viele auch bedeutendste **Universität**, die den Ruf der Stadt damals wie heute deutlich prägte. Ein paar Zahlen gefällig? Über 28.000 Studenten aus mehr als 80 Ländern studieren heute an den 12 Fakultäten dieser 1386 gegründeten Volluniversität.

Von der Haltestelle Rathaus/Bergbahn kommend müsst Ihr nur ein paar hundert Meter nach Westen durch die malerische **Ingrimstraße** zurücklegen (der bekannte Plakatkünstler Klaus Staeck hat in der Nr. 3 seine Galerie), schon seid Ihr am **Universitätsplatz** angekommen.

Wenn nicht gerade Semesterferien sind, ist dies der perfekte Ort, um etwas Uniluft zu schnuppern. Rechter Hand liegt die **Alte Uni**, die heute das Rektorat, die **Alte Aula** und das **Universitätsmuseum** beherbergt, linker Hand die frisch renovierte **Neue Uni**, in der sich die heute genutzten Hörsäle befinden. Der Löwenbrunnen an der Nordseite des Platzes war früher für die Wasserversorgung der Stadt Heidelberg sehr wichtig. Über ihm thront ein steinerner Löwe, der als Wappentier der Kurpfalz Stärke symbolisieren sollte.

Tipp: Die Eintrittskarte für den Besuch der Alten Aula (Erwachsene zahlen 3 Euro) gilt ebenfalls für das Universitätsmuseum und den Studentenkarzer.

Im Gebäude der Alten Universität befindet sich auch der **Studentenkarzer** (Augustinergasse 2), der vom 16. bis zu Beginn des 20. Jahrhunderts getreu seinem Namen als Gefängnis für Studenten der Ruprecht-Karls-Universität diente.

Die Universität hatte damals noch eine eigene Rechtsprechung über Studenten, die vor allem wegen Diebstahls, Zechgelagen, Raufereien, verbotener Mensuren und nächtlicher Ruhestörung eingesperrt wurden. Die bunten Kritzeleien an den Wänden wurden in den letzten Jahren der Einkerkerungs-Praxis gemacht. Stolz, hier ihre Strafe absitzen zu müssen, hinterließen die Inhaftierten ihren Namen, ein mehr oder weniger gekonntes Bildchen und das Zeichen ihrer Studentenverbindung.

Tipp: Direkt neben dem Karzer befindet sich der Unishop, der eine Auswahl an T-Shirts und Pullis mit Universitätslogo bereit hält. Ein praktisches Geschenk für die Daheimgebliebenen oder eine schöne Erinnerung an den Heidelberg-Besuch!

Klassik
Konzert
Konzert
Konzert
Konzert
Konzert
Konzert
Klassik
endlich
Klassik
Poetry-Slam
Kinosessel
Theater
Poet
Slam
Poetry-
Konzert
Poetry-Slam

Kultur
und so
Kultur
und so
und so
Kinosessel
Klassik
Kinosessel
essel
endlich
Theater
Theater
Theater
Theater

Kultur liegt in Heidelberg nicht nur in der Luft, sondern auch auf der Straße! Auf den Fußwegen, um genauer zu sein. Denn es waren vor allem die wanderlustigen Romantiker, die in dieser Stadt prägende Fußabdrücke hinterließen. Sie haben Heidelberg den bis heute spürbaren ‚lebendigen Geist', wie es in großen Buchstaben über der Neuen Uni prangt, eingehaucht. Aber auch als Freund der eher ungeistigen Unterhaltung erwartet Dich in Heidelberg einiges. Auf was man sich eigentlich immer einigen kann – ob nun Kulturbanause oder nicht – ist das gute, alte Kino. Also fang doch ruhig damit mal an.

Kino

Keine Sorge, mag Heidelberg noch so hochkulturverliebt sein, auf Popcornkino musst Du selbst hier nicht verzichten. Das **Harmonie Lux** (Hauptstr. 110) nimmt sich gerne Deiner an und zeigt Dir die gängigen Blockbuster. www.cinestar.de

Und nur einen Katzensprung entfernt wartet in Wiesloch-Waldorf, direkt am Bahnhof, der **Luxor Filmpalast** (Impexstr. 1) auf Dich. Diesen Weg musst Du leider auf Dich nehmen, wenn Du einen 3D-Film sehen willst. Heidelberg selbst hat da im Moment nämlich nichts zu bieten, möglicherweise wird das Harmonie Lux aber bald aufrüsten. Worauf außerdem sehnsüchtig gewartet wird, ist das Comeback des Open-Air-Kinos. Doch zur Not ist Mannheim ja nicht aus der Welt, wo dann wirklich keine Wünsche offenbleiben. www.luxor-kino.de/walldorf

Nur damit kein falscher Eindruck entsteht: Verstecken braucht sich Heidelberg in Sachen Kino sicherlich nicht. Denn zum einen sind mehrere Filmfestivals am Start und zum anderen hält eine Reihe von Filmhäusern das alternative Filmprogramm hoch. Namentlich die Gruppe **Gloria, Gloriette** (beide Hauptstr. 146) und **Kamera** (Brückenstr. 26). Hier sitzt Du in kleinen, Nostalgie-verströmenden Sälen und genießt familiäre Atmosphäre. Almodovar, Allen & Co. sind auf diesen Leinwänden mit

ihren neuesten Streifen stets willkommen. Einige ausgewählte Filme laufen als Zugabe in Originalsprache mit deutschen Untertiteln. Zusätzlich stellen diese drei Kinos noch etwas Ungewöhnliches auf die Beine: In der Reihe „Psychoanalyse & Film" durchleuchten Psychologen die Streiche querdenkender Regisseure von früher und heute.
www.gloria-kamera-kinos.de

Wem diese Cineasten-Kost noch nicht genügt, der kommt aber bestimmt im **Kommunalen/Karlstorkino** (Am Karlstor 1) auf seine Kosten. Hier steht noch Exquisiteres auf der kulturellen Speisekarte. So mancher Klassiker und die meisten kleineren Produktionen aus dem In- und Ausland (nicht selten wahre Perlen) würden sonst bestenfalls im Nirwana des Fernsehnachtprogramms oder der spezialisierten Videotheken versinken. Dank engagierter Einrichtungen wie dem Karlstorkino gelingt es, sie wenigstens für einige Abende vor diesem Schicksal zu bewahren. www.karlstorkino.de

Filmfestivals

An normalen Tagen nehmen Dich also die immer offenen Filmhäuser auf, aber dann gibt es da ja auch noch die Filmfeste. Zwei davon richtet allein das Karlstorkino aus. Die **Filmtage des Mittelmeers** präsentieren die Highlights des Internationalen Filmfestivals in Montpellier und das **Festival Ciné Latino** ist nichts Geringeres als das „größte lateinamerikanische Filmfestival Deutschlands".

Beide Veranstaltungen sind beliebt und von hoher Qualität. Trotzdem wirken sie noch bescheiden im direkten Vergleich mit dem **Internationalen Filmfestival Mannheim-Heidelberg**. Denn das ist ein echtes

Großereignis! Das Festival blickt mittlerweile auf eine über 50-jährige Geschichte zurück. Das macht es, man staune, zum zweitältesten seiner Art in Deutschland. Von Anfang an bot es vielversprechenden und innovativen Filmemachern eine erste Plattform und ist somit im besten Sinne die Vorschule für Cannes, der Kindergarten Venedigs oder sogar Hollywoods. Denn die Liste der Entdeckungen liest sich wie das Who-is-Who des internationalen Autorenfilms – von Truffaut über Wenders bis zu Jarmusch und von Trier. www.iffmh.de

Theater

Seit einiger Zeit treffen sich im ehemaligen Schlosskino die Kino- und Theaterkunst zu einem gemeinsamen Stelldichein. Oder sollte man lieber sagen „Nahkampf"? Das **Theaterkino** (Hauptstr. 42) ist der experimentierfreudige und lohnenswerte Versuch, diese zwei unterschiedlichen Formen des Schauspiels zusammenzubringen.

Ganz reibungslos geht das natürlich nicht über die Bühne. Da der Film, dieses fiese Massenmedium, allen anderen Stoff und Publikum abluchst, muss man sich schließlich wehren! So werden Dramen, die ihre Popularität insbesondere einer geglückten Verfilmung verdanken (wie 'Tod eines Handlungsreisenden' oder 'Endstation Sehnsucht'), für das Theater zurückerobert. Oder es werden Schwergewichte der Filmgeschichte erstmalig zur Aufführung auf die Theaterrampe gehievt. Allerdings glotzt die junge Theaterversion hin und wieder etwas alt und behäbig aus den Kostümen. Eines ist der Initiative 'Theaterkino' auf jeden Fall deutlich anzusehen: Das Hauptanliegen des städtischen Theaters, ein möglichst breites Publikum zu erreichen.

Entsprechend dieser Ambition hat das Stadttheater noch ein weiteres Ass im Ärmel. Der absolute Dauerbrenner sind die **Schlossfestspiele**. Stell Dir einen milden Sommerabend vor, im Hintergrund die eindrucksvolle Kulisse von Schlossgemäuer und Odenwald und direkt vor Deiner

Nase schauspielern, singen und musizieren sie auf höchstem Niveau. Theatermuffel hin oder her, das zieht jeden in seinen Bann!

Darüber hinaus hat das städtische Theater aber noch einiges mehr zu bieten: Weit breitet es seine Arme auf derzeit 11 Spielorte mit insgesamt 13 Bühnen aus und dementsprechend breit ist auch das Programm angelegt.

Kleiner Tipp:
Für gewöhnlich gibt es etwa eine halbe Stunde vor Vorstellungsbeginn Einführungen, meist in einem separaten Raum. Sympathisch und kurzweilig gewähren die Dramaturgen Einblicke in die Entstehung und Hintergründe der eigenen Produktionen, ohne dabei zu viel zu verraten.

Es vereint die drei Sparten Schauspiel, Oper und Tanz. Und es berücksichtigt auf eine ausgewogene Weise Klassiker sowie zeitgenössische Stücke, seien sie von Dramatikern, die ihren Durchbruch bereits geschafft haben oder von denen, die noch darauf warten. Weiter spicken spezielle, meist spartenübergreifende Inszenierungen die Spielzeiten. Und schließlich haben die Theatermacher auch für die Kleinsten einiges in petto. www.theaterheidelberg.de

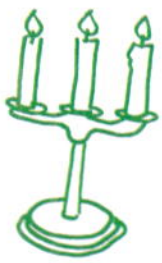

Die freie Szene

Neben den großen Gewächsen der Kunst sollten die zarten Pflänzchen besser nicht vernachlässigt werden. Denn nicht nur auf der großen Bühne gibt es Großes zu sehen. Im Dämmerlicht der Hinterhöfe und in versteckten Nischen wuchert es ebenso prächtig.

So zum Beispiel im **Zimmertheater** (Hauptstr. 118). Seit über sechzig Jahren durchlebt es finanzielle Höhen und Tiefen. Doch bis heute hat es nicht nur überlebt, sondern die Szene auch unschätzbar belebt mit seiner eigentümlichen Kombination aus Unterhaltung und Anspruch. Bei allem Respekt vor den Bemühungen des Stadttheaters: Eine solche

Hautnähe erreicht es beim besten Willen nicht. Selbst auf den Brettern, die die Welt bedeuten, zu sitzen, die Mimen beinahe zu berühren, diesen Eindruck gewinnst Du bloß in der guten Stube des Zimmertheaters, in der Gewölbehöhle des **Romanischen Kellers** (Seminarstr. 3) oder in der alten Zigarrenfabrik des **Taeter-Theaters** (Bergheimer Str. 147).
www.zimmertheaterheidelberg.de theater.rs.uni-heidelberg.de
www.taeter-theater.de

Was das Filmfestival für das Kino, ist der **Stückemarkt** fürs Theater. Hier dreht sich alles um das, was schon die Romantiker angetrieben hat: die Neuentdeckung. Es wird sogar als „wichtigstes Förderfestival im deutschsprachigen Raum" bezeichnet.

Aber weil zum Selbstverständnis des 'Weltdorfs' Heidelberg die Weltoffenheit, oder moderner ausgedrückt, die Internationalität gehört, wird jedes Jahr auch einem Gastland aufmerksam Gehör geschenkt, unter anderem beim Autorenwettbewerb. Teilweise blutjunge Dramatiker treten dann mit ihren unaufgeführten Werken in kreativen Wettstreit. Den glücklichen Gewinnern winken hochdotierte Preise und – noch begehrter – Aufführungen auf der städtischen Bühne. Nach szenischen Lesungen wird unter allen Beteiligten und Anwesenden diskutiert bis die Köpfe rauchen. www.heidelberger-stueckemarkt.de

Konzerte

Rock, Pop & Co

Natürlich kommt auch die Musik in der Stadt der Romantik nicht zu kurz. Das fängt schon auf der Straße an. Vermutlich beglücken Dich in keiner anderen Fußgängerzone Deutschlands so viele Straßenkünstler: Ob dieser kuriose Saxophonist, der wie ein New Yorker Original aussieht und meist in der Nähe des Bismarckplatzes auftritt, die osteuropäischen Männerkapellen, die sich lieber im Umkreis des Uniplatzes aufstellen oder die zahllosen Pflastersteinvirtuosen. Ganz zu schweigen von den

kleinen Bob-Dylans, die durchs Land tingeln und auf ihre große Chance hoffen. In Heidelbergs Fußgängerzone wird für jeden etwas geboten und das Kleingeld aus der Hosentasche wirst Du schnell los ...

Und wie ist es mit den wahren Größen aus Rock und Pop? Die verirren sich zugegebenermaßen eher selten nach Heidelberg. Aber immerhin kann sich der **Schwimmbadclub** (Tiergartenstr. 13) mit frühen Gigs der Fantastischen Vier, Greenday und Nirvana brüsten.
www.schwimmbad-club.de

Das heißt aber nicht, dass es in Heidelberg keine lohnenswerten Konzerte gibt: Bekanntere Acts treten vorwiegend im **Karlstorbahnhof** auf. Hier gibt es Rock, Pop, Indie und viel Jazz.
www.karlstorbahnhof.de

Keine Berühmtheiten, dafür aber handfeste Soul-, Funk-, HipHop- und House-Acts, oft regionalen Ursprungs, tischt das **Billy Blues** im Ziegler (Bergheimer Str. 1B) auf – Gasthof, Bar und Club in einem.
www.billyblues.de

Und dann gibt es da ja noch die **Halle 02** (Güteramtstr. 2), für Kunst und Kultur jenseits des Mainstreams und für Fans von Meistermischern der Techno- und House-Beats, Reggae- und Funk-Rhythmen.
www.halle02.de

Klassik

Heidelberger Frühling

Ein anderer Wind weht da im Frühjahr der Klassik. Und unvergleichlich präsenter ist auch die Werbung. Bevor auf der Theodor-Heuss-Brücke die Fahnen des Filmfestivals das Flackern übernehmen, werden die des Heidelberger Frühlings gehisst. Das lässt das Herz der Bach- und Mozartfreunde hörbar höher schlagen. www.heidelberger-fruehling.de

heidelberger frühling

Orchester Heidelberg

Aber keine Bange, auf dem Trockenen sitzt Du den Rest des Jahres auch nicht. Denn die städtische Bühne heißt nicht umsonst mit vollem Namen „Theater UND Orchester Heidelberg". Für klassische Begleitmusik in Form von Symphonien, Opern und Chorgesang ist also ganzjährig gesorgt.

Eine besondere Kostbarkeit sind die **Kammerkonzerte** im Spiegelsaal des Prinz-Carl-Palais am Kornmarkt 1. Hier bekommst Du eine Ahnung von der Bildungsaristokratie, die sich über Jahrhunderte in Heidelberg herangebildet hat – und eigentlich als längst verschwunden gilt: Festkleider, prunkvolle Architektur und vielleicht der ein oder andere Prof von Dir. Obwohl das stark nach sehr gehobenen Kreisen klingt und Du den Altersdurchschnitt enorm senken wirst, kannst Du unbesorgt sein: Niemand wird Dich nach Deinem adeligen Stammbaum fragen.

Und noch ein Schmankerl fürs Ohr: Häufig erklingen in den hiesigen Kirchen, neben Orgelklängen und Chorgesängen natürlich, außergewöhnliche Melodien. Vor allem in die **Heiliggeistkirche** (Hauptstr. 187) und die **Peterskirche** (Plöck 70) werden gerne Ausnahmeerscheinung geladen.

Museen

Von einer MuseumsLANDSCHAFT kann in Heidelberg leider kaum die Rede sein. Auf den ersten Blick erkennst Du vermutlich keine großen Attraktionen, erst beim zweiten zeigen sich einige Schmuckstücke.

Zunächst das **Kurpfälzische Museum** (Hauptstr. 97), das größte Kunsthaus der Stadt, im Zentrum gelegen. Wie der Name schon verrät, fühlt es sich der Regionalgeschichte und -kultur verpflichtet. Nach wahren Publikumsmagneten hältst Du daher vergeblich Ausschau. Kein Picasso, kein Rembrandt, keine Happenings nach dem Motto die 'besten Impressionisten', 'die bedeutendsten Italiener'. Bestaunen kannst Du hingegen Gemälde der Romantik en masse, dazu viele Zeichnungen und Aquarelle von regionalen Künstlern. Und immer mal wieder gibt es attraktive Sonderausstellungen. www.museum-heidelberg.de

Ergänzt wird das Programm durch den **Kunstverein**, der sich im selben Gebäude versteckt und den zeitgenössischen Künstlern verschrieben hat. www.hdkv.de

Das **Dokumentations- und Kulturzentrum Deutscher Sinti und Roma** (Bremeneckgasse 2) hat in einer Dauerausstellung den nationalsoziali-

stischen Völkermord an den Sinti und Roma dokumentiert. Darüber hinaus gibt es auch immer mal wieder Sonderausstellungen.
www.sintiundroma.de

Im **Völkerkundemuseum** (Hauptstr. 235, Palais Weimar) wird Dir in wechselnden Ausstellungen die Kunst und Kultur aus verschiedenen Regionen Asiens, Afrikas und Ozeaniens nähergebracht. Außerdem gibt es eine Dauerausstellung über Kunst, Weltsicht und Rituale der Asmat.
www.voelkerkundemuseum-vpst.de

Ein wenig scheint Heidelberg aber auch ein Faible für das Spezielle zu haben: So kannst Du im **Deutschen Apothekermuseum** (Schloss Heidelberg) z. B. Mobiliar, Mörser, Hausapotheken, Medikamente und Laborgeräte aus der gesamten Apothekengeschichte betrachten.
www.deutsches-apotheken-museum.de

SAMMLUNG PRINZHORN
UniversitätsKlinikum Heidelberg

Heidelberg ist außerdem die Heimat der sagenumwobenen **Prinzhornsammlung** (Voßstr. 2). Ein wahrer Schatz an Kunstwerken Psychiatrieerfahrener Menschen. Längst als ein wichtiger Beitrag zur Europäischen Kunstgeschichte anerkannt finden sie nur selten genug Beachtung. Nichts wie hin! http://prinzhorn.ukl-hd.de

Das **Deutsche Verpackungsmuseum** (Hauptstr. 22, Innenhof) zeigt Dir ausgefallene, aber auch traditionsreiche Warenverpackungen. Hier triffst Du vermutlich auch den ein oder anderen Bekannten wieder. www.verpackungsmuseum.de

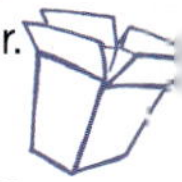

Im **Museum Haus Cajeth** (Haspelgasse 12) kannst Du eine einzigartige Sammlung 'Primitiver Malerei' betrachten: Werke unbekannter Künstler, die ohne Vorbilder oder spezielle Schulung arbeiteten. www.cajeth.de

Und hast Du schon mal was vom **Kartonmodell-Museum** (Karlsruher Str. 76-78) gehört? www.kartonmodellmuseum.de

Das ist Dir alles dann doch zu speziell? Macht nichts, deswegen musst Du Dich nicht gleich nach Frankfurt aufmachen. Nimmst Du Mannheim und Ludwigshafen mit dazu, wird das Angebot schon um einiges größer. Einen besonders bleibenden Eindruck hinterlässt jährlich die **Lange Nacht der Museen**, an der alle drei Städte teilnehmen und die zu den umfangreichsten der Republik zählt. Immer im März oder April.

Literatur

Na gut, die Größe der Stadt ist überschaubar. Jedoch nicht die Zahl der Geistesgrößen, die in Heidelberg wie in ihrem Wohnzimmer ein- und ausgingen. Da wären zum einen natürlich Goethe und Mark Twain – richtig, der Schöpfer von Tom Sawyer und Huckleberry Finn – aber auch Charles Bukowski. Den versoffenen Asphaltliteraten hat es auch einmal hierher verschlagen. Und auch heute noch ist (zumindest gemessen an der Einwohnerzahl) die Auswahl an Buchläden (zumindest gefühlt) eine der größten in Deutschland.

Einmal im Jahr gibt es für Freunde des geschriebenen Wortes richtig was zu erleben. Ende Mai oder Anfang Juni ist es wieder einmal Zeit für die **Literaturtage**. Vor das etwas eingeschüchterte Neue Unigebäude pflanzt sich dann ein kurioser, bunter Holzbau, der an einen Zirkus aus einer längst vergangenen Zeit erinnert. Doch Seiltänzer und Elefanten?

Fehlanzeige! Dafür viele fein zurechtgemachte Leute, die an Sektgläsern nippen und sie hören wollen: Junge und alte, unbekannte und namhafte Autoren. Sie geben sich die Zelttürklinke in die Hand, und läuten mit den unterschiedlichsten Lesungen (von Lyrik bis Kinderbuch) den Sommer ein. Gute Mischung aus Klassisch-bewährtem und innovativer Talentförderung. www.heidellittage.de

Unter den Veranstaltern der Literaturtage ist auch das **Deutsch-Amerikanische Institut** (Sofienstr. 12), besser bekannt als DAI und all denen ein Begriff, die Lust auf spannende Vorträge am Rande oder jenseits des akademischen Betriebs haben. Allein die beeindruckenden Persönlichkeiten lohnen den Besuch: Imre Kertész, Literaturnobelpreisträger und KZ-Überlebender, las hier aus der deutschen Übersetzung seiner Autobiografie vor. Und der Italiener Leoluca Orlando, der als Bürgermeister von Palermo der Mafia mutig die Stirn geboten hatte, sprach hier ebenfalls. Er hatte übrigens lange zuvor als Student einige Semester in Deutschland verbracht – dreimal darfst Du raten, wo.

Doch das ist bei weitem nicht alles. Im DAI kommt auch die Jugend zu Wort! Poetryslams (Word up!) und Workshops sind ein wesentlicher Bestandteil. Der Professor und der Slampoet, auf dieser Bühne treten sie beide auf. www.dai-heidelberg.de

Die **Stadtbücherei** (Poststr. 15) ist nur was für Kinder und Omis? Nicht in Heidelberg. Denn hier entschlüpfen dem staubigen Papier lebendige Geschichten: Schauspieler des Stadttheaters oder die Literaten selbst sind zu Gast und lesen vor.

Außerdem wird die schreibende Zunft immer wieder in kleinen sympathischen Ausstellungen gewürdigt, ebenso wie die ganze Riege der ansässigen Schriftsteller. Die bekannteste unter ihnen ist wohl Hilde Domin, vor wenigen Jahren in hohem Alter verstorben. Nach ihr ist auch der große Vortragssaal im Obergeschoss benannt.

Irgendwann reicht es aber auch mal mit der Vorleserei! Jetzt darfst Du selbst zum Gedruckten greifen: Setz Dich mit einer Tasse bestem Cappuccino auf die Terrasse des Cafés und schnapp Dir vorher was Lesbares. Das Zeitungs- und Zeitschriftensortiment hat einiges zu bieten. Und nebenbei bemerkt ist auch das DVD- und CD-Angebot nicht von schlechten Eltern. Und Bücher, klar, gibt's natürlich auch ein paar. Beliebt sind vor allem die Neuerscheinungen, ob Belletristik oder Sachbuch. Hier musst Du also flink sein oder die Bücher vormerken, sonst wartest Du, bis sie zu Klassikern oder zu Altpapier geworden sind.
www.stadtbuecherei-heidelberg.bib-bw.de

Lass Dich beim Kulturspaziergang z. B. von Michael **Buselmeier** durch die Stadt lotsen: **Literarische Führungen durch Heidelberg – Eine Stadtgeschichte im Gehen.** (Wunderhorn 2007)

NOTIZEN

Bücher kaufen?
Wer fremdsprachige Ausgaben sucht, wird normalerweise zur **Fremdsprachenbuchhandlung Dieter Michalak** in die Plöck 79 geschickt, und wer mal was anderes sehen und lesen möchte zu **Egon Hassbeckers Galerie & Buchhandlung** (Haspelgasse 12). Eine besondere Mischung findest Du auch am Universitätsplatz: Die **Weiss'sche Universitätsbuchhandlung** ist mittlerweile zur Hälfte ein stylischer Plattenladen!

Kultur auf dem Gipfel!

Nun bist du lange genug durch die Altstadt gewuselt und es ist Zeit für einen Perspektivwechsel: Der Berg ruft! Nicht irgendeiner, sondern der Heiligenberg, auf dem seit Jahrhunderten, quatsch, seit Jahrtausenden Geschichte geschrieben wird. Hoch geht es auf dem ...

Philosophenweg

An Brentano, Eichendorff, Hölderlin und wie sie alle hießen, erinnert der berühmte Philosophenweg. Wie war das? Eichendorff, Hölderlin? Das klingt nach altbackenem Deutschunterricht und Gedichte auswendiglernen! Mag sein – aber: Sie waren die Rock 'n' Roller ihrer Zeit, die frischen Wind in die verstaubten Buden brachten. Und dort oben am Berghang entlang des Neckars, gegenüber der Altstadt erwartet Dich das genaue Gegenteil einer Lehrbuchstunde:

Ein schweißtreibender Aufstieg, zur Belohnung ein umwerfender Weitblick und für den, der dem Massenandrang auszuweichen lernt, die Einsam- oder, noch besser, Zweisamkeit. Auch kein schlechter Auftakt für Neuankömmlinge – und Touris.

Allerheiligenberg

Noch ein, zwei Stockwerke über dem Philosophenweg, auch gut zu Fuß – oder für Faule mit dem Auto – erreichbar, wandelst Du wortwörtlich auf den Spuren der Kelten, Germanen und Römer. Ringwall und Tempelgrundfeste haben sie hinterlassen. Wer hier nicht alles sein Revier markiert hat! Später, das heißt ab dem Jahr 1000 nach Christus kamen christliche Mönche aus dem Allerheiligenkloster im Schwarzwald. Daher der bis heute gebräuchliche Name **Allerheiligenberg**. Gleich zwei Klosterbauten, teilweise noch erhalten, wurden errichtet, das St. Michaels- und das St. Stephanskloster. Und da hinten, was ist das denn für ein sonderbares Ding?

Das ist die **Thingstätte**. Wo es nach 'germanisch' roch, waren die Nationalsozialisten nicht weit, um ihre (Stein-)Haufen zu setzen. Dieser hat die Form eines antiken Amphitheaters. Aber heutzutage ist hier nur noch einige Male im Jahr richtig was los.

Zum Beispiel, wenn sich zur Ersten-Mai-Feier Tausende von Menschen in friedlicher Feierlaune versammeln und Feuerspucker und Walpurgisfeuer die Frühlingsnacht erleuchten. Die ehemalige Nazifreilichtbühne ist mittlerweile denkmalgeschützt, und statt Goebbels treten zu sommerlichen Open-Air-Veranstaltungen Musiker wie André Rieu oder Placido Domingo auf.

Heidelberger Schloss

Auf der anderen Neckarseite prangt das Schloss. Bei dieser sagenhaften Barockruine angelangt, kannst Du zum Philosophenweg hinüberwinken und das breite Panorama andersrum auf Dich wirken lassen. Links erstreckt sich bis zum Horizont die Rheinebene, in der anderen Richtung erspähen Adleraugen das Stift Neuburg, ein empfehlenswertes Ausflugsziel.

Nicht umsonst wurde das Schloss zu DEM Wahrzeichen Heidelbergs. Seine Lage ist phänomenal und es stellt damit einen Großteil der bewegten Stadtgeschichte jedem unmittelbar zur Schau: von der Residenzstadt bis zu einer deutschen

Touristenhochburg. Wart's ab, noch nach Jahren wird Dich dieser Anblick beeindrucken und zu einem Aufstieg verlocken. So viele Stufen sind es nicht, und notfalls nimmst Du halt die **Bergbahn** (Kurfürsten-Anlage 42-50), die Fahrt ist ja auch sehr hübsch.

Zum Gedächtnis der Schlosszerstörung im 17. Jahrhundert wird das Bauwerk dreimal im Jahr symbolisch in Brand gesetzt. Anschließend sprüht, zischt, knallt und blinkt es bunt von der Alten Brücke in den nächtlichen Himmel.

Um das Pyro-Spektakel nicht zu verpassen, sammeln sich die Schaulustigen an den beliebtesten Plätzen: auf der Theodor-Heuss-Brücke, am Neuenheimer Flussufer oder auf dem Philosophenweg. Einheimische wie Besucher sind aufgekratzt wie Kinder zu Silvester.

s. „feste Feste", S. 162

Karneval

Trittst Du vor den St.-Stephans-Turm an den Berghang, siehst Du das Neckartal nochmal aus einer anderen Perspektive. Von hier aus kannst Du in aller Ruhe die Innenstadt im Auge behalten, wenn sie am Faschingsdienstag von den Narren beherrscht wird. Dank konstant hoher Besucherzahlen ist dieser Menschenauflauf nur mit dem an der

Thingstätte am Ersten Mai vergleichbar. Pünktlich um 14.11 Uhr fällt der Startschuss für den Umzug durch die Bergheimer Straße, weiter über die Hauptstraße und bis zum Rathaus. Autostraßen und Straßenbahngleise werden für ein paar Stunden lahmgelegt. Für so manchen Karnevalsfremdling ein Ärgernis, für die vielen Freunde der Narrenzeit ein weiterer Anlass zu Jubel, Trubel, Heiterkeit. Nur zu, stürz Dich mit dem Narrenruf **„Hajo!"** auf der Zunge ins Getümmel!

An Karnevalsvereinen herrscht auch kein Mangel. Mitglied in der Narrenzunft muss für Dich aber nicht unbedingt sein, eine gute Party genügt erstmal? In der **Halle 02** (Güteramtstr. 2) und am **Marstallhof** bist Du an diesen Tagen bestens aufgehoben.

Das Karnevalprogramm und eine Übersicht aller Karnevalsvereine findest Du rechtzeitig zur fünften Jahreszeit auf den Internetseiten der Stadt. www.heidelberg.de

War's das?

Ob nun das Passende für Dich dabei war, Du neugierig geworden bist oder nicht, davonlaufen kannst Du der Kultur in Heidelberg kaum: Bei jedem zweiten Schritt musst Du feststellen, dass das eigentliche Museum Heidelberg selbst ist. Dank eines „Wunders" gehört es zu den wenigen Städten, die von den zerstörerischen Luftangriffen im Zweiten Weltkrieg nahezu verschont geblieben sind.

Wo Du stehst und gehst, wird bei genauerer Betrachtung Geschichte sichtbar. Die Fassade des **Hotels Zum Ritter**, die **Grabstelen der Peterskirche**, die **Alte Brücke** und so weiter und so fort. Mach Dich also am besten einfach auf den Fußweg. Ob Dich plötzlich die Außenansicht eines Gebäudes gefangennimmt oder Du unerwartet vor immer neuen Ausstellungs-Objekten landest, in der **Universitätsbibliothek** (Plöck 107-109), dem Schloss oder der Stadtbücherei. So oder so: Zu Gucken gibt es immer etwas!

s. „Tourikram", S. 134

Musik

Musik

Bierbank

Musik

Straßenfest Feiern

Fe

Straßenfest

endlich

Bi

Feier

Musik

feste Feste
Feste
feste Feste
feste Feste
Musik
Bierbank
Bierbank
Musik
Bierbank
Musik
Feiern
Feiern
Bierbank
Straßenfest
Bierbank
Musik
Feiern
Straßenfest

Gründe zum Feiern gibt es viele. Und auch in Heidelberg muss man gar nicht erst lange nach einem Anlass suchen, denn hier wird wahrhaftig zu jeder Jahreszeit gefeiert. Am schönsten sind aber natürlich die sehnlichst erwarteten Straßenfeste in den wärmeren Monaten. Dann ist auf den Straßen ordentlich was los, Musik tönt durch die Gassen und Du wirst im Fluss der Menschenmenge vorwärts geschoben. Leckeres Essen, ein Gläschen regionaler Wein und der Triumph, eine freie Bierbank ergattert zu haben, gehören dabei obligatorisch dazu!

Straßenfeste

Sommertagszug

"Winter, hau ab!" oder "Her mit dem Sommer!" – so könnte das Motto des Heidelberger Sommertagszuges lauten, der an einem Sonntag im Monat März vom Bismarckplatz in Richtung Altstadt bis zum Marktplatz zieht. Groß und Klein laufen hier begleitet von Trommeln und Musik mit, um dem Winter den Allerwertesten zu zeigen und ihn am Ende symbolisch zu verbrennen.

Brückenfest

Anfang Juli wird beim Brückenfest an der Alten Brücke vor der beeindruckenden Kulisse des Brückentores gefeiert. Lausche bis spät in die Nacht inmitten der vielen Besucher von außerhalb der Musik verschiedener Bands und Musikvereine aus der Region und schlag Dir den Bauch mit leckerem Essen voll!

Schlossbeleuchtungen

Zwischen Juni und September leuchtet das Heidelberger Schloss insgesamt dreimal in strahlendem Licht. Und dazu gibt es auch noch ein beeindruckendes Feuerwerk, das die ganze Altstadt in buntes Licht taucht. Die vielen Touristen tragen dann mit ihrem fleißigen Blitzlicht-

gewitter auch noch ihren Teil dazu bei. Den besten Blick hast Du vom Neckarufer aus: Die Straßen Neckarstaden (am Südufer), Ziegelhäuser Landstraße und Neuenheimer Landstraße (am Nordufer) sind zum Zuschauen ideale Standpunkte. Los geht's meist ab 22.15 Uhr. Sichere Dir also rechtzeitig ein gutes Plätzchen.

Heidelberger Herbst – Altstadtfest

Damit Du gar nicht erst auf den Gedanken kommst, dem Sommer hinterherzutrauern, wird der Herbst in Heidelberg am letzten Septemberwochenende mit einem riesigen Fest in der Altstadt begrüßt. Der Heidelberger Herbst ist weit über die Stadtgrenzen hinaus bekannt und verwandelt die gesamte Altstadt in einen riesigen Flohmark.

Vor allem Anwohner verkaufen dort alles, was sie nicht mehr brauchen, jemand anderes aber schon lange suchen könnte. In den vielen Seitengassen und entlang des Neckars um die Alte Brücke herum kann dann samstags ab frühmorgens an den Ständen zwischen Antiquitäten, Büchern, Schmuck, Haushaltsgegenständen, Kleidung, Spielzeug und, und, und gestöbert und gefeilscht werden.

Ab etwa 10.00 Uhr ist dann in der ganzen Stadt was los: Auf dem Mittelaltermarkt (Universitätsplatz) kannst Du in die Vergangenheit reisen, auf dem Kunsthandwerkermarkt Selbstgemachtes bestaunen und an vielen Ständen regionale Spezialitäten probieren. An jeder Ecke gibt's was zu sehen. Außerdem wartet eine Kulturmeile mit Theaterprogramm,

Malkunst, Poetry Slam und Lesungen auf Dich. Live-Musik schallt von mehreren Bühnen durch die Altstadt und lässt noch ein letztes Mal das Open-Air-Gefühl des Sommers aufleben.

Programme und aktuelle Infos: www.heidelberg-marketing.de >> Veranstaltungen

Feste in den Stadtteilen

Die Straßenfeste in den Heidelberger Stadtteilen sind besonders nett und gemütlich. Es ist nicht so überfüllt wie in der Altstadt, alles eher überschaubar und man fühlt sich sofort als Teil des ganzen Treibens. Damit Du die wichtigsten Termine nicht verpasst, achte am besten auf die Ankündigungen in der Zeitung oder im Internet. Hier aber schon einmal ein paar Tipps vorab:

Nicht nur bei den Neuenheimern beliebt ist das **Fischerfest**, das an einem Wochenende Anfang September auf dem Neuenheimer Marktplatz und den angrenzenden Straßen stattfindet. Schnäppchenjäger freuen sich auf den Flohmarkt, Musikfans auf die Live-Musik und einfach alle auf die vielen Leckereien.

Auch die Weststadt will nicht auf ein Fest verzichten und veranstaltet jährlich im Juli auf dem Wilhelmsplatz das dreitägige **Sommerspektakel** mit Kinderflohmarkt, Live-Musik und kulinarischen Verführungen. Beliebt ist vor allem das gemeinsame Stadtteil-Frühstück am Sonntagmorgen: Bepflastert mit Tischdecken, Thermoskannen, Geschirr und Leckereien verwandelt sich der „Willi" in einen riesigen Buffet-Tisch, für den jeder was mitbringt und den dann alle gemeinsam leerputzen. www.sommerspektakel-heidelberg.de

Zuckerwatte, gebrannte Mandeln, Karussell und Schiffschaukel – das muss einfach manchmal sein, egal wie alt man ist. In und rund um die Tiefburg in Handschuhsheim findet deshalb einmal jährlich am „Vitustag“ Mitte Juni die **Hendsemer Kerwe** statt – ursprünglich eine religiöse Feier anlässlich der Kirchweihe (hochdeutsch für Kerwe), heute eben ein Stadtteilfest mit Jahrmarktcharakter.

Hier kannst Du gemütlich an Ständen vorbeischlendern, eine Bratwurst essen und die hübsche Kulisse genießen. Typisches Kerweprogramm gibt's aber auch in den anderen Stadtteilen (wie zum Beispiel in Kirchheim oder in Rohrbach am ersten September-Wochenende).

Bälle

Der Ball der Vampire

Direkt zum Jahresanfang kannst Du Dich unter die Blutsauger mischen. Der jährlich stattfindende Kostümball in der Stadthalle hat in Heidelberg bereits Kultstatus und ist weit mehr als nur schnödes Karnevalstäterätä. Ausgefallene Masken, wallende Gewänder und düstere Anmut wirbeln durch die Nacht und stellen das übliche Faschingstreiben in den Schatten. Denn hier treffen sich alle Geschöpfe der Nacht mit Buckel, Hakennase und spitzen Eckzähnen – der Kreativität sind keine Grenzen gesetzt.

Die Musik passt sich dabei an die Vielfalt der Ballgäste an: Feinste Livemusik auf mehreren Bühnen von Rythm'n'Blues über Funk, Neue Deutsche Welle bis hin zu altbewährten Oldies zaubert auch dem letzten Vampir beim Abtanzen ein wenig Farbe ins blasse Gesicht. Das könnte sogar einem Faschingsmuffel gefallen ...

Musik Wein Straßenfest Sommer Bierbank

Walpurgisnacht und Tanz in den Mai

In der Nacht auf den ersten Mai liegt wahrlich Magie in der Luft. Anders kann man die Atmosphäre nicht erklären, wenn man inmitten einer riesigen Menschenmenge den Heiligenberg bis zur Thingstätte hochwandert.

Da sollte man zumindest einmal dabei gewesen sein! Bereits mittags pilgern Hunderte, vor allem junge Leute, mit Bollerwägen voller Bier auf den Berg, um sich einen Platz in der Thingstätte zu sichern. Das Wetter spielt dabei nur bedingt eine Rolle: Auch bei Regen ist dort viel los. Spätestens bei Einbruch der Dunkelheit wird es dann so richtig voll. Doch der Anblick des mit Menschen gefüllten Amphitheaters ist den mühsamen Aufstieg auf jeden Fall wert! Begrüßt wirst Du schon am Eingangstor mit Trommeln, Lagerfeuer, Feuerspuckern und vielem mehr. Nicht verpassen!

Zu empfehlen sind aber eine warme Jacke – nachts kann es dort oben recht kühl werden – eine Decke zum Draufsitzen und eine Taschenlampe, damit Du beim dunklen Auf- und Abstieg nicht über Wurzeln fällst.

Falls Dir eine Nachtwanderung zu anstrengend ist und keiner bereit ist, Dich im Bollerwagen mit nach oben zu karren, ist auch in der Stadt genug los. Alleine musst Du auf keinen Fall in den Mai tanzen: Live-Musik und Straßenstände in der Innenstadt oder auch auf dem Neuenheimer Marktplatz sind eine vergnügliche Alternative.

Sportliche Feste

SAS-Halbmarathon der TSG 78 Heidelberg

Jedes Jahr im April kämpfen sich etwa 3000 Teilnehmer und Teilnehmerinnen durch den Heidelberger Halb-Marathon und lassen dabei viele, viele Kilometer hinter sich. Wer nach den insgesamt 21,1 Kilometern nicht völlig verschwitzt, erschöpft, aber überglücklich ins Ziel am Universitätsplatz stolpert, hat geschummelt – oder vorher aufgegeben.

Empfangen wird man dort von einer riesigen applaudierenden Menschenmasse und kann gleich mitfeiern, falls noch Energie übrig ist. Aber bereits entlang der Strecke, zum Beispiel an der anstrengenden Steigung beim Philosophenweg, stehen die Fans der Läufer und feuern diese mit selbstgebastelten Plakaten und lauten Zurufen an.
www.sashalbmarathon.tsg78-hd.de

Drachenbootrennen

Hörst Du im Juli Trommelrhythmen auf dem Neckar, sind nicht etwa die Wickinger eingefallen, sondern es findet wahrscheinlich der alljährliche Drachenboot-Cup an der Neckarwiese statt. Unterhalb der Theodor-Heuss-Brücke fällt der Startschuss für etliche, mit Drachenköpfen verzierte Holzboote, die zum Trommeltakt durchs Wasser rudern.

Die Fahrer werden dabei stets ordentlich nass und einige Boote kentern auch mal mit der gesamten Crew. Der Spaßfaktor steht also auch für die Zuschauer im Vordergrund, vor allem wenn als Zwischenprogramm kurios Kostümierte vorbeipaddeln. Da winken beispielsweise Asterix und Obelix oder Schneewittchen mit den sieben Zwergen vom Wasser.

Auch an Land ist was geboten: Teste doch mal Deine eigene Ausdauer und Geschicklichkeit beim Besucher-Laufparcours!
www.drachenbootcup-hd.de

Studenten
Studenten
Romantik
Perkeo
Hookemann
Hookemann
Studenten
Perkeo
endlich!
Romantik
Perkeo
Perkeo
Studenten
Hookemann
Romantik
Hookemann

Mythen
Mythen
Mythen
Studenten
Studenten
Hookemann
Perkeo
Romantik
Studenten
ookemann
Romantik
Perkeo
Studenten
kemann
Studenten
Hookemann
Perkeo
Perkeo
Romantik
emann
Romantik
Romantik
kteufel
Hookemann

Touristen aus aller Welt strömen in Massen nach Heidelberg, weil sie so viel vom berühmten Flair gehört haben. Und auch unter Heidelbergern selbst kursieren viele Geschichten, Sagen und Mythen rund um die Stadt. Aber kann man all dem Glauben schenken und ist Heidelberg wirklich so toll, so romantisch und so studentisch? Irgendeinen Grund muss es ja geben, warum diese doch recht überschaubare Stadt so viele anzieht, oder? Damit kein Geheimnis verborgen bleibt, gewähren wir Dir einen tiefen Blick in den Kochtopf der Gerüchteküche und sorgen für Klarheit über die Mythen der Stadt, ihren Ruf und ihre Anziehungskraft.

Heidelberg ist sooo romantisch!

Ist Heidelberg wirklich eine so romantische Stadt? Und kann es sogar mit Paris oder Venedig mithalten? Naja, man glaubt schon fast daran bei einem abendlichen Spaziergang über die Alte Brücke: Die letzten Sonnenstrahlen tanzen über den Neckar, das Schloss erstrahlt im Abendrot, Straßenmusik umsäuselt Dich ...

Für die jährlich etwa 3,5 Millionen Touristen sind solche Momente wohl einer der Hauptgründe für ihren Besuch. Zum Dahinschmelzen ist auch die dreimal jährlich stattfindende Schlossbeleuchtung, die an die Zerstörung der Stadt im Jahr 1693 durch die Truppen des französischen Königs Ludwig XIV. erinnert. Das Spektakel beginnt mit einer eindrucksvollen Lichtshow, gefolgt von einem pompösen Feuerwerk über der Altstadt, das die Straßen mit staunenden Touristen, aber auch Heidelbergern füllt.

Und sogar berühmten Dichtern, wie Johann Wolfgang von Goethe, Clemens Brentano, Heinrich Heine oder dem amerikanischen Schriftsteller Mark Twain, blieb beim Anblick dieser Stadt die Spucke weg. Viele

Gedichte, Lieder und Reiseberichte haben versucht, die Romantik Heidelbergs einzufangen. Und so waren es vor allem die Künstler aus dem „Heidelberger Kreis", in der später so genannten Hochromantik, die mit ihren Schriften, Gemälden und ihren Kompositionen ab dem Jahr 1804 den „romantischen" Weltruhm Heidelbergs begründeten.

Heidelberg ist fest in Studentenhand

Heidelberg ohne Studenten? Unvorstellbar! Ca. 30.000 Studenten der verschiedensten Fachrichtungen wuseln durch die Stadt und beleben die Straßen. Sie scheinen sich hier pudelwohl zu fühlen – und das schon ziemlich lange.

Die Ruprecht-Karls-Universität feierte kürzlich ihren 625-jährigen Geburtstag und ist damit die älteste Universität Deutschlands. Tradition spielt da natürlich eine große Rolle, besonders bei den Studentenverbindungen: Auch heute gibt es noch einige schlagenden Verbindungen, denen man in der Stadt ab und zu über den Weg läuft. Leicht zu erkennen sind sie dabei an ihren Uniformen und Schärpen.

Die vielen Institute der Universität sind quer über die Stadt verteilt: Die Geistes- und Rechtswissenschaften findet man in der Altstadt, die Naturwissenschaften, Sportwissenschaften und die Medizin etwas außerhalb im Neuenheimer Feld und der neue Campus Bergheim beherbergt die Wirtschafts- und Sozialwissenschaften. Seine moderne Bibliothek ist auch bei Studenten anderer Fächer ein beliebter Aufenthaltsort zum Pauken.

Nicht so gemütlich war es dagegen im Studentenkarzer, dem ehemaligen Gefängnis der Uni. Heute dient es als Museum und erinnert an die Zeit, als die Universität noch eine eigene Rechtsprechung hatte. Die Kritzeleien und Wandmalereien der regelbrechenden Studenten sind noch heute dort zu sehen.

Einen im Gegensatz dazu sehr viel angenehmeren Aufenthalt boten in den vergangenen Jahrhunderten die zahlreichen urigen Studentenkneipen (wie zum Beispiel das historische Gasthaus „Schnookeloch"). Diese prägen das Stadtbild heute noch ebenso, wie die Studenten selbst, von denen der ein oder andere auch gerne nach dem Studium noch hierbleibt. Deshalb hat Heidelberg neben den ganzen Studenten auch den höchsten Akademikeranteil Deutschlands. Schließlich ist die Universität Heidelberg mit ca. 11.000 Beschäftigten der größte Arbeitgeber der Stadt.

Der Heidelberger Studentenkuss

Wer schon vor seinem ersten Besuch in Heidelberg von den legendären Heidelberger Studentenküssen gehört hat, darf sich auf etwas freuen. Sie sind süß, zart und ... aus Schokolade. Wer also davon schwärmt, erzählt Dir nicht etwa von einem Techtelmechtel, sondern meint damit kleine runde Waffeln, die mit Schokolade gefüllt und überzogen sind.

Schon seit über 100 Jahren werden die Kalorienschleudern als Zeichen der Verehrung verschenkt. Die rot-schwarze Verpackung ist in vielen Schaufenstern ein Blickfang und besitzt seit langem Kultstatus. Hergestellt werden sie von der ältesten Chocolaterie Heidelbergs im Herzen der Altstadt (Chocoladenmanufaktur und Chocolaterie Knösel, Haspelgasse 16) immer noch nach dem Originalrezept von 1863. Mit Schokolade auf den Lippen küsst es sich eben besonders gut.

Heidelberg ist warm, grün und exotisch

Exotisch? Naja, darüber kann man sich sicherlich streiten, aber immerhin flattern in Heidelberg seit einigen Jahren über 700 leuchtend grüne Halsbandsittiche umher. Sonst in Afrika oder Asien heimisch, haben sie wohl von Heidelbergs mildem Klima gehört. Denn im Jahr 2009 hat es die Stadt immerhin auf Platz eins der Wetterbilanzliste geschafft und ist damit wärmster Ort Deutschlands.

Deshalb gedeihen hier auch viele Pflanzen, die Du sonst in Deutschland nicht findest. Besonders der Philosophenweg hat als „Balkon" der Stadt exotische Gewächse zu bieten. Mandel- und Feigenbäume können Dir hier ein wenig Deine Sehnsucht nach dem noch wärmeren Süden lindern. Von Touristen wird auch gern der pompöse Blauregen fotografiert, der viele Villen in Neuenheim oder der Weststadt überwuchert.

Ein Zwerg und das größte Fass der Welt

Leidenschaftlichen Weintrinkern läuft beim Anblick des größten Holzweinfasses der Welt im Kellergewölbe des Heidelberger Schlosses schon das Wasser im Mund zusammen. Ein ordinärer Weinkeller war Kurfürst Karl Theodor nicht genug, da musste noch ein über 200.000 Liter fassendes Fässchen her. Das heutige Weinfass ist bereits das vierte Modell, das im Auftrag kurfürstlicher Weinliebhaber gebaut wurde, und ist mittlerweile über 250 Jahre alt.

Bei diesen Ausmaßen wird man schon vom Angucken leicht beschwipst. Ob auch so alter Wein noch schmecken würde? Warum nicht einmal ein

Gläschen probieren? Das hat sich dann auch Perkeo, der Fasswächter, gefragt. Der Legende nach war er im 18. Jahrhundert der Hofnarr des Kurfürsten Karl Philipp, der den kleinen, dicken Zwerg von einer Reise nach Südtirol mitgebracht hatte. Die kleine Gestalt muss ein großes Selbstbewusstsein gehabt haben, antwortete sie doch auf die Frage, ob sie das Weinfass alleine austrinken könne, auf Italienisch mit „Perché no?" (Warum nicht?). Davon abgeleitet erhielt der Zwerg seinen Namen.

Er starb übrigens an dem Tag, an dem er auf die Empfehlung seines Arztes hin statt Wein nur noch Wasser trank. Perkeo wäre sicher bitter enttäuscht, zu erfahren, dass im Großen Fass heute kein Tröpfchen Wein mehr lagert.

Urmenschen und Kurpfälzer

Heidelberg als Wiege der Menschheit? Nunja, das ist nun doch etwas gemogelt. Aber immerhin hat man in unmittelbarer Nähe uralte Fossilien eines ganz besonderen Heidelbergers entdeckt, dem "homo heidelbergensis". Der ist der Vorgänger des Neandertalers, nicht jedoch des Homo Sapiens. Naja, macht nichts. Er lebte etwa vor 600.000 Jahren und seine Überreste wurden in einer Sandgrube in Mauer bei Heidelberg ausgebuddelt. Damit ist er zwar nicht der älteste Mensch, aber vielleicht der älteste Heidelberger; ob er schon den typischen Singsang in der Stimme hatte, ist jedoch fraglich.

s. "Sprachregeln", S. 186

Der moderne Heidelberger sieht sich ganz und gar als Kurpfälzer. Und das, obwohl es die Kurpfalz heute eigentlich nicht mehr gibt und man auch einfach Nordbadener sagen könnte. Waschechte Badener findet man aber eher südlich von Heidelberg. Und auch wenn die Abgrenzung zum Schwabenland gerne und laut betont wird – wie bei allen schwäbischen Nachbarn – sind schwäbische Einflüsse, besonders im kulinarischen Bereich, nicht zu leugnen.

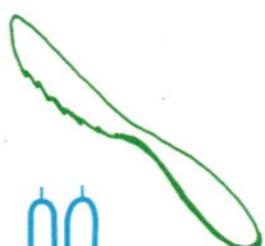

Perle des Neckars, der „Hookemann" und der Teufel

Heidelberg wird gerne mal als die „Perle des Neckars" bezeichnet. In anderen Städten ist das Neckarufer nämlich mit Industriegebäuden gesäumt, von den Tretbooten, Ruderbooten und Ausflugsschiffen in Heidelberg hat man jedoch einen tollen Blick auf die romantische Stadt. Schade nur, dass es kaum Cafés oder Restaurants in Ufernähe gibt. Die Landstraße entlang des Südufers verhindert das. Geplant ist ein Tunnelbau, der den Verkehr weg- und eine Promenade hinzaubern soll. Aber das kann noch dauern …

Außerdem hat man ja auch noch die andere Uferseite mit der einladenden Neckarwiese in Neuenheim. Aber bitte pass auf, dass Du dort nicht vom „Hookemann" (oder Hakenmann), dem Neckargeist, erwischt wirst. Der hat angeblich einen langen Haken, mit dem er Menschen in die Tiefe zieht. Auch Schiffe schubst er gerne mal gegen die Felsen im Wasser.

Eine der gefährlichen Felsbarrieren heißt übrigens „Hackteufel" und entstand der Legende nach durch die Hand des Teufels höchstpersönlich. Dieser kam vor langer Zeit auf seiner Jagd nach Seelen in Heidelberg vorbei. Er ärgerte sich über die vielen fleißigen Kirchgänger und suchte sich eine Felsplatte gegenüber dem Kloster Neuburg als Plätzchen, von dem aus ihn jeder hören konnte. In seiner „Pfingstpredigt" versprach er reiche Fischzüge und Schutz vor Hochwasser. Aber das Kirchengebimmel übertönte seine Lockrufe. Außer sich vor Wut riss er Felsbrocken aus der Wand und warf sie auf Heidelberg. Zielen konnte er dabei wohl nicht so gut – die Steine plumpsten nämlich in den Neckar.

Bummel durch Europa
Anatomie
Heidelberger Romanze
Herbst in Heidelberg
Anatomie
Heidelberger Romanze
Der Vorleser
Der Vorleser
Der Vorleser
Anatomie
Bummel durch Europa
Andere Tage
Bummel durch Europa

Heidelberg fiktiv

fiktiv

Der Vorleser

Das zweite Paradies

Des Knaben Wunderhorn

Des Knaben

Manche Orte sind einem einfach vertraut, ob man nun schon dort war oder nicht. Denn man hat schon so einige Geschichten gehört! Und diese wurzeln weniger in der Realität, als vielmehr in den Köpfen und der Fantasie. Paris, Venedig oder Hollywood – aber auch Heidelberg findet seinen Platz in dieser Reihe. Und wer hat's erfunden? Na, natürlich vor allem die Romantiker. Niemanden wundert's, wenn sie solche Sachen sagen wie einst Hölderlin: „Heidelberg, Du, der Vaterlandsstädte Ländlichschönste, so viel ich sah." („Heidelberg im Gedicht", Insel 1996) Und sogar ein Franzose wird beim Anblick Heidelbergs schwach: „Man sollte nicht durch Heidelberg fahren, man sollte sich hier aufhalten, man müsste hier leben", schrieb kein geringerer als Victor Hugo.

Mögen die ganz großen Tage des Mythos Heidelberg heute auch vorbei sein, so gab es doch eine Zeit, als man von der „geistigen Hauptstadt Deutschlands" sprach. Nicht schlecht, oder? Sei es auf der Leinwand, auf Zelluloid oder in gedruckter Form, es wurden Spuren hinterlassen. Hier eine kleine Zusammenstellung der interessantesten Werke über Heidelberg:

Heidelberg zum Lesen

© Insel Verlag

Es lohnt sich zuerst ein Blick in das **Heidelberger Lesebuch** (Insel 1986) von Michael Buselmeier zu werfen. Darin sind die wichtigsten Dichter & Denker mit Auszügen ihrer Texte zu Heidelberg zusammengepackt: Angefangen bei Goethe, über Bukowski und Domin bis hin zu Buselmeier selbst.

Clemens Brentano und Achim von Arnim: Des Knaben Wunderhorn

Kommt Dir irgendwie bekannt vor? Du hast aber trotzdem keine Ahnung, was dahintersteckt? Das ist keine Schande und doch schade.

Diese Anthologie ist ein Schatzkästchen der deutschen Kulturgeschichte. Vollgestopft mit alten deutschen Volksliedern der Art: „Ein Knab auf schnellem Roß/ Sprengt auf der Kaisrin Schloß/ Das Roß zur Erd sich neigt,/ Der Knab sich zierlich beugt." Lustig, verspielt, nostalgisch, verschmitzt. Die beiden jungen Wilden Clemens Brentano und Achim von Arnim trugen hier um 1800 alles zusammen, was sie an deutschem Vers- und Liedgut in die Finger bekamen. Und nebenbei gaben sie das entscheidende Vorbild für den erfolgreicheren, kleinen Bruder ab, der heute in keinem Kinderzimmer fehlen darf: die Märchensammlung der Brüder Grimm.

Victor Hugo: Heidelberg
(Societäts-Verlag)

Im 19. Jahrhundert kamen aus dem Ausland gleich zwei Großkaliber der Weltliteratur zu Besuch und hinterließen wirkungsvolle Erfahrungsberichte. Aus Frankreich der eine, Victor Hugo. Er tauchte tief in Landschaft und Geschichte des Neckartalkessels ein – und sprang sicher auch mal in den Neckar. Fasziniert brachte er mystisch angehauchte Gedanken über das Verhältnis von Natur und Kultur zu Papier. Nachlesen kannst Du sie in einer schönen zweisprachigen Ausgabe des Societäts-Verlags. Ein wichtiger Beitrag zur Verbreitung des 'Mythos Heidelberg' über die deutschen Grenzen hinaus.

Mark Twain: Bummel durch Europa
(Diogenes)

Der zweite, Mark Twain, sorgte dafür, dass der Mythos auch über den großen Teich in die neue Welt schwappte. Nur schlägt der Amerikaner einen völlig anderen Ton an. Er wirft ein liebevoll-ironisches Licht auf

Land und Leute, die deutsche Sprache und seine Lieblingsstadt Heidelberg. Ihm wird der Satz zugeschrieben: „Das schönste an Mannheim ist der Blick auf Heidelberg."

Am Rande noch ein nettes Gerücht zu Twain, das im Vorwort von „Mark Twain's Guide to Heidelberg" (herausgegeben 1995 von Werner Pieper) steht: Es sei gut möglich, dass der Schriftsteller durch seinen Heidelbergbesuch aus der Schreibblockade gestupst worden ist. Denn erst danach gelang es ihm, 'Huckleberry Finn' zu vollenden. Der Dank der Amerikaner sah angeblich so aus: Sie ließen Heidelberg im Zweiten Weltkrieg so gut wie unversehrt.

Hermann Lenz: Andere Tage
(Suhrkamp)

Nach dem Krieg begann eine neue Zeitrechnung. Obwohl verschont, machte die Märchenstadt Heidelberg da keine Ausnahme. Hermann Lenz berichtet in seinem unaufgeregten Stil schonungslos von seiner Heidelberger Studienzeit im Dritten Reich: „Andere Tage" (Suhrkamp 1978).

Heinrich Böll:
Du fährst zu oft nach Heidelberg
(Kiepenheuer & Witsch)

Heinrich Bölls Erzählung „Du fährst zu oft nach Heidelberg" (Kiepenheuer & Witsch 1994) spielt in den ersten Jahrzehnten nach 1945. Der (Anti)Held, ein junger Mann, steht vor den üblichen Lebensentscheidungen um Heirat und Beruf. Doch seiner Welt der Nachkriegstrümmer fehlt etwas, nur was? Sehnsüchtig fährt er zu oft, so die Meinung aller anderen, nach Heidelberg. Ob ihn das tröstet?

Hilde Domin: Das zweite Paradies
(Fischer)

Als zwei literarische Eigengewächse dürfen Hilde Domin und Bernhard Schlink bezeichnet werden. Trotz langem Exils verbrachte Domin den Großteil ihrer Lebenszeit in Heidelberg. Ihr schmaler Roman „Das zweite Paradies" (S. Fischer 1993) behandelt eindringlich das Thema der Heimkehr. Sie selbst nennt ihr Werk ein „Rückkehrerbuch".

© Fischer

Bernhard Schlink: Der Vorleser
(Diogenes)

Ein festes Motiv ist die Stadt auch in den Büchern von Bernhard Schlink. Vor einigen Jahren hat er mit „Der Vorleser" (Diogenes 1997) sogar einen Weltbestseller gelandet. Leicht lesbar ist der alles andere als leichte Stoff: die Liebesgeschichte zwischen der reifen Hanna und dem 15-jährigen Schüler Michael, der nichts von der verstrickten Vergangenheit seiner Geliebten ahnt. Schauplatz des ersten Romandrittels ist die Weststadt Heidelbergs, wo der Autor und Jurist Schlink selbst seine Kindheit und Jugend verbrachte. Für die deutsch-amerikanische Verfilmung mit Kate Winslet, so wurde gemunkelt, würde man daher einige Szenen dort drehen. Das blieb leider ein Gerücht.

Bernhard Schlink: Der Vorleser
© 1997 Diogenes Verlag AG Zürich

Anna-Luise Jordan: Herbst in Heidelberg
(Osburg)

Erst kürzlich erschienen ist eine romanhafte Biografie über die romantische Schriftstellerin Sophie Mereau. Eingängig schildert Anna-Luise Jordan in „Herbst in Heidelberg“ (Osburg 2011) die schwierige Ehe zwischen Sophie und dem jüngeren Dichter und Luftikus Brentano, die schließlich in einer Katastrophe endet.

© Osburg Verlag

© Piper Verlag

Krimis aus Heidelberg: Carlo Schäfer und Wolfgang Burger
(rororo und Piper Verlag)

Wie jede Stadt, die heutzutage etwas auf sich hält, hat auch Heidelberg seine eigenen Krimis. Gleich zwei Autoren versorgen ihre (vor allem) regionale Leserschaft. Bei Carlo Schäfer ermittelt Kommissar Theuer, bei Wolfgang Burger ist es Kriminalrat Gerlach. Beide gelangen auf ihrer Spurensuche an viele wohlbekannte Ecken. Gerlach balanciert dabei zwischen verzwickten Fällen und schwierigem Privatleben, Theuer muss sich auf sein schräges Team und die gewitzte Sprache seines Erfinders verlassen.

Heidelberg zum Gucken

Heidelberg eignet sich für so einige Ansichten. Worauf selten verzichtet wird, ist die rosarote Brille der romantischen Nostalgie. Wem's gefällt, darf alle Klischees zu Genüge in der **Heidelberger Romanze** (1951) auskosten. Karzer, Burschenschaft und Stadtführung mit abschließendem

Studentenkuss inklusive. Der Regisseur Paul Verhoeven lässt alle seiner Protagonisten vor unschuldiger Kulisse in die richtigen Arme und zum Happy-End fallen.

Alles schön und gut, doch Du stehst eher auf Action und Nervenkitzel? Kein Problem, wie wär's mit einem richtig guten deutschen Thriller? Empfehlenswert ist da **Anatomie** von Stefan Ruzowitzky. Die Medizinstudentin Paula deckt an der Heidelberger Universität dubiose Machenschaften auf, und gerät dabei – wie sollte es auch anders sein – selbst in Gefahr.

Heidelberg zum Singen

Bestimmt trällerst Du bald Dein eigenes Liedchen von Heidelberg. Unvorstellbar wäre diese Stadt ohne Gesang. Er gehört hierher wie der Odenwald und der Dreiklang von Schloss, Brücke und Neckar. An keinem geringeren Ort sollte die **Wunderhornsammlung** das Licht der Welt erblicken! Und in der Unibibliothek ruht das Original des Codex Manesse (Große Heidelberger Liederhandschrift): Das reichste und wertvollste Buch mittelalterlicher Minnelyrik. s. S. 180

Kann – davon mal abgesehen – die Unmenge an **Schlagern** etwa ein Zufall sein, die sich wie aus einem Leierkasten um die idyllische Neckarstadt drehen? Wahrscheinlich könnten die Wenigsten noch in Schmachtfetzen wie „Alt Heidelberg du feine" oder „Heidelberg du Jugendbronnen" einstimmen. Der Altstadt-Bummler muss aber noch geboren werden, dem die geflügelte Zeile „Ich hab' mein Herz in Heidelberg verloren" nicht auf den Lippen tanzen würde.

Eine zeitgemäßere Liebeserklärung schenkte ein Urgestein der deutschen Hiphop-Szene seinem Heimatort. Für den Rap-Song **„Wunderschön"** textete **Torch**: „Ich atme tief ein, diese Stadt inspiriert ein!."

Torch: "Heidelberg Mixtape"
360°-Rec, Groove Attack

Seier
Gelwariebe
Gelwariebe
alla
Hinkel
wiescht
Hinkel
Hinkel
§
§
nuff
§

Sprachregeln und nützliche Vokabeln

Heidelberg gehört zwar offiziell zu Nordbaden, kulturell aber – und damit auch sprachlich – eindeutig zur Kurpfalz; das hört man auch sofort an der eigenwilligen Sprachmelodie. Der Menschenschlag der Kurpfälzer gilt insgesamt nicht gerade als schüchtern, aber das hat wohl auch viel mit der extrovertierten Art der Mannheimer zu tun.

In Heidelberg wird, allein durch den enormen Zulauf von Studenten und Touristen, relativ wenig Dialekt gesprochen. So kosten höchstens mal beim Bäcker um die Ecke die Brötchen „Zwee Eiro Neinefuffzisch".

Doch wie überall gibt es natürlich auch in Heidelberg sprachliche Eigenarten, die Dir sicher schnell auffallen werden. Oftmals handelt es sich dabei um Phänomene, die für weite Teile Süddeutschlands gelten (etwa „net" statt „nicht"), also nicht auf die Kurpfalz oder gar Heidelberg beschränkt sind. Anderes hingegen wirkt sogar auf nächste Nachbarn völlig fremd.

Damit Du von Anfang an mitreden kannst und dabei auch noch ernstgenommen wirst, hier eine Übersicht über sprachliche Eigenheiten und die wichtigsten Vokabeln. Alla!

„Auf geht's!"

Einige lautliche Besonderheiten:

„ü" wird zu „i", etwa in: die Brühe = „die Brih", drüben = „driwwe", Künstler = „Kinschtler".

langes „a" wird zu „o", wenn also jemand „Broode" im Ofen hat, sind das keine Brote, sondern ein Braten; entsprechend: „die Strooß" = die Straße.

„ch" wird zu „sch": ich – „isch", leicht – „leischt", Chemie – „Schemie", griechische Geschichte – „grieschische Geschischte".

„pf" wird zu „p" oder: Linguistik für Klugscheißer! Aus sprachwissenschaftlicher Sicht sehr interessant ist die Tatsache, dass Heidelberg in unmittelbarer Nähe der sogenannten „appel/apfel-Linie" liegt:

In ganz Süddeutschland wird übrigens auch oft „st" zu „sch"; Beispiele dafür: bist „bisch", machst „machsch", willst „willsch"

Nördlich dieser unsichtbaren Grenze wird – im Dialekt – der Apfel „appel", die Pfanne „Pann" und das Pfund „Pund" genannt, südlich davon bleibt es beim „pf". Die Linguisten nennen diese Linie auch „Speyerer Linie" und man kann tatsächlich, wenn man Dialektsprecher im Grenzgebiet zwischen dem nördlichen Baden-Württemberg und Südhessen belauscht, die Linie auch als Laie nachvollziehen.

Eigenarten und Redewendungen:

- Der Kurpfälzer kommt nicht her. Er geht her: „Geh 'mol her!"
- Der Kurpfälzer tut sich auch nicht weh. Er macht sich weh: „Pass uff, dass der net wehmachsch!"
- Des Wort „nicht" gibt's hier net! Brauch mer nämlich net.
- Die „Gosch" ist das, was in Karlsruhe die „Lapp" und in Bayern die „Babb'n" ist, nämlich der Mund. Meist wird der Ausdruck in Zusammenhang mit der Aufforderung, selbige zu halten, verwendet.
- Wenn Dich jemand bittet, etwas zu heben, hat das nichts mit hochheben oder aufheben zu tun. Du sollst es einfach nur halten! Auch in der Straßenbahn: „Heb' Disch fescht, sunsch fliegsch uff die Naas'"
- Auswärtige haben oft Probleme mit den Zeitangaben, dabei ist es ganz einfach:

„Viertel ääns" = Viertel eins, 12.15 Uhr
„Halba ääns" = Halb eins, also 12.30 Uhr
„Dreiviertel ääns" = Dreiviertel eins, also 12.45 Uhr
„Ääns" = Eins, 13.00 Uhr. Verschtehsch?

- Auch verwirrend: Wenn jemand ruft „Komm, geh fort!", ist im Zweifel der letztgenannte Imperativ der zu befolgende.
- Personennamen IMMER mit Artikel! „De Mischi un die Annika suche de Klaus. Hasch Du en g'sehe?"

Vokabeln für den Alltag

alla!	los geht's! /tschüss
alla hopp	also gut, auf geht's
wiescht	wüst, unfein
„Do schauts awwer wiescht aus."	„Da sieht es aber wüst aus."
sell un jenes	dies und das (vgl. frz. „celle-ci")
„Mir verzählt er sell un jenes."	„Er erzählt mir dies und das.
Hannebambel	Einfaltspinsel
Lebbeduddel	noch einfältiger als ein Hannebambel
schneeke	naschen
Schnook	Schnake, Stechmücke.
„Isch glaab, misch hot e Schnook g'schtoche."	„Ich glaube mich hat eine Schnacke gestochen"
verzähle	erzählen
„Komm, verzähl mer nix!"	„Erzähl mir doch keinen Blödsinn!"
all	leer, nix mehr da
„Is noch Schinke doo?" – „Nää, Schinke is all."	„Ist noch Schinken da?" – „Nein, der Schinken ist aus."
Seier	Sieb
nuff	rauf, herauf, hinauf

„Komm nuff!"

„Komm du doch nunna!"

nunna	runter, hinunter, herunter
Weck (nicht Schrippe, Semmel oder Rundstück)	Brötchen
Gelwariebe	Karotte(n), Möhre(n), Gelbe Rübe(n)
Hinkel, halwer Hinkel	Hähnchen, halbes Hähnchen
Kittel	Jacke, Sakko
e bissel	ein wenig, ein bisschen

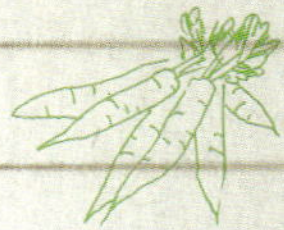

Das Französische hat in der Kurpfalz (und nicht nur dort) einen bis heute hörbaren Einfluss hinterlassen. Man spricht von **"em kleene Malöhr"**, wenn jemand leichte Schmerzen hat. Wenn es ihm schlechter geht, ist er dann sogar **"mallaad"**.

In jedem Fall sollte man nie **"Fissimadende"** machen, denn das sind unnötige Umständlichkeiten und der Begriff stammt wohl von der unmoralischen Einladung französischer Soldaten an einheimische Mädchen "Visitez ma tente"/"Besuchen Sie mein Zelt". Der Gehweg heißt heute immer noch **"Trottwaa"** und das heute fast ausgestorbene Sitz- und Liegemöbel nennt der Heidelberger **"Schässlong"**.

Wer bei der Floskel **"Alla, tschüss"**, **"Alla hopp"** oder einfach **"Alla!"** an das arabische Wort für "Gott" denkt, liegt völlig falsch. "Alla" kommt vom französischen "allez" und ist die einfachste Form, sich zu verabschieden.

Deine Heidelberg-Notizen